大唐诗人往事

THE PAST
OF
TANG DYNASTY POETS

山河诗长安

苏缨 著

贵州出版集团
贵州人民出版社

序 言
PREFACE

作者不死

毛晓雯

1968年，法国思想界先锋罗兰·巴特在《占卜术》杂志上，阐明其"作者已死"的观点。

罗兰·巴特之前，阅读及阐释一部作品的传统方式是：作者总是焦点，一部作品意义为何，不是单纯从作品文字本身来理解，而是以作者本人的性格、情绪、生活经历为阐释的出发点。通过作者的人生故事来理解作者的作品，罗兰·巴特对这样的阅读方式嗤之以鼻："在多数情况下，文学批评在于说明，波德莱尔的作品是波德莱尔这个人的失败记录，凡·高的作品是他疯狂的记录，柴可夫斯基的作品是其堕落的记录：对好作品的解释总是从生产作品的人的一侧寻找，就好像透过虚构故事的或明或暗的讽喻最终总是唯一的同一个人即作者的声音在提供其'秘闻'。……古典主义的批评从未过问过读者；在这种批评看来，文学中没有别人，而只有写作的那个人。"

在罗兰.巴特看来,作品一经完成便脱离作者本人了,对于文本的内涵和意义,作者不再拥有发言权。读者从文本中读出了什么就是什么,文本会独立说话;文本作者的人生履历表彻底失效。作者是登徒子也好,大奸臣也罢,他的文本若写出了高风亮节,那就是高风亮节,重点是文本本身的表现和读者的理解。一句话,文本一旦到了读者手里,就和作者没有半毛钱关系了,读者读书之时,作者已死。

"作者已死",堪称20世纪后半期文化界重要的革命之一,时至今日这一观点仍在发挥无穷威力。我曾是"作者已死"观念的忠实拥趸,对作家生平自动屏蔽,认为该烧掉所有的作家传记,喜欢意大利作家卡尔维诺的原因之一就是他说"我仍然属于和克罗齐一样的人,认为一个作者,只有作品有价值,因此我不提供传记资料"。但直至读到玛格丽特·阿特伍德的一句话,我才重新审视了作者人生故事的价值,她说:"不只是部分,而是所有的叙事体写作,以及或许所有的写作,其深层动机都是来自对'人必有一死'这一点的畏惧和惊迷。"

作品肯定比作者活得更长,说穿了,作品其实是作者抵抗死亡的产物,是作者生命的延续。当作者肉身变成灰时,灵魂在作品中不灭。作者是作品的起点,作品是作者的续集,是作者另一种形式的存在。我们怎么能撇开作者本身的存在,而去理解作者另一种形式的存在?

放在历史大链条上来看,伟大作者本人的故事不过是一瞬间,伟大的作品却属于永恒。但是,理解了瞬间,才能理解永恒。诗人们的人生故事,与那些隽永的诗歌比起来或许是微不足道的,但我们明白,那些故事其实是通向永恒之路的起点。

目 录
CONTENTS

一 …… 王绩·贞观盛世里的不合作者
一五 …… 王勃·青春即是终生
二三 …… 杨炯·从未亲历边塞战争的边塞诗人
三一 …… 卢照邻·灵丹妙药的受害者
三九 …… 骆宾王·不曾观光的观光客
四九 …… 宋之问·卑鄙是卑鄙者的通行证
五五 …… 沈佺期·唐代律体诗之始
六三 …… 杜审言·大唐自恋第一
七一 …… 刘希夷·著作权的代价
七九 …… 陈子昂·富二代的生命悲歌
八九 …… 张若虚·孤篇压全唐
九七 …… 张九龄·名相柔情
一〇五 …… 王之涣·流行歌曲竞赛的胜出者
一一三 …… 孟浩然·不尴不尬的世外高人
一二一 …… 崔颢·酒色财气里的人生转型
一二九 …… 王昌龄·细节决定成败
一三七 …… 王维·亦诗亦画,亦官亦隐

一五三 李白·一个从不肯脚踏实地的天才

一六九 杜甫·深谷中的俯瞰者

一八五 高适·赌场豪侠客

一九三 鲍防·被遗忘的诗坛宗主

一九九 陆羽·一茶一世界

二〇七 顾况·沦为绿叶的一朵红花

二一五 戎昱·在政治正确的路线之外

二二三 苏涣·强盗诗人

二二九 张志和·中唐第一隐士

二三七 韩翃·温暖的寒食

二四五 钱起·神鬼传说

二五三 李益·《霍小玉传》的主人公

二六一 王建·宫禁的泄密者

二六九 元载夫妻·凤凰男与豪门女

二七七 白居易·果然白居易

二八九 杜牧·活在唐代的魏晋风流

二九七 李商隐·一个理想主义者的现实生存

长歌怀采薇。
相顾无相识，

大唐诗人往事
THE PAST
OF TANG DYNASTY
POETS

关键词

托病、孤独、道德坚守

王绩·贞观盛世里的不合作者

二

1

大唐诗人的时间版图是从一个不合作分子开始的。对于大唐而言，这既可以看作反讽，也可以看作恭维，一切只取决于你采取了怎样的视角，怀抱着怎样的信念。

这个不合作分子名叫王绩，出身于一个并不显达的官宦之家。他的少年时代是在"黑暗、反动"的隋朝度过，那时候天下满是歌舞升平的太平粉饰，还没有人能够预见那一场即将到来的改朝换代。官宦子弟王绩和所有同辈一样，在适合的时间做适合的事情：在家读书求学，积累知识；出外拜谒权贵，积累人脉。

这真是俗得不能再俗的生活模式，无非是要在官僚体制里给自己混个前途罢了。只有混到了这个前途，理想主义者才可以兼济天下，施展政治抱负，功利主义者才可以追名逐利，将自己打扮成世人眼中的成功典范。一切前途的第一道门槛，就是科举。

科举制度正是在隋朝开创的，它给了天下的读书人一个貌似公平的竞争平台，绵延直至晚清。之所以说它公平，是因为笔试环节一视同仁；之所以说它仅仅"貌似"公平，是因为面试成绩才真正决定成败。而面试究竟是怎么一回事，今天的我们并不难悬想这种千年之前的潜规则。

于是，打通人脉，揄扬名声，是当时每一个有志青年必须要做的功课，而那些高门大宅前冷冰冰的台阶又哪是寒门子弟可以轻易攀登的呢？幸而少年王绩并没有这一层顾虑，因为他有家世，所以有人脉；他有社交能力，所以能够充分利用这些人脉；他更有才华，所以能够在利用人脉的过程中得到真心的赏识。换言之，他具备了成功所需的全部要素，一派光明的前途完全是可以预见的。如果你是一个正在操心女儿婚姻大事的父亲，那么王绩这样的少年俊彦就是你最应该垂涎的对象，当然，你需要打败无数竞争者才能最后胜出。

2

十五岁那年，王绩西游长安，拜谒了在当时权倾朝野的皇室元老杨素，在举座宾客之间肆意展现着聪慧的谈吐、过人的才识、机智的应变。王绩真正的人生就是从这样一个华丽的出场开始的，正是这样一个出场，为他赢得了"神仙童子"的名号。那么，关节打通了，名声揄扬了，学养备足了，功名自然只是水到渠成的事情了。

如愿以偿地，王绩在隋朝大业末年举孝廉高第，授职秘书省正字，从此正式成为官僚阶层的一员，他的悲剧人生就先以这样的幸运开始了。

凡事最怕"认真"二字——这句话若用在官场上，意思就是说：

四

千万不要把那些道貌岸然、冠冕堂皇的说辞当真,谁当真谁就输了。王绩偏偏是个天生的诗人,诗人需要一切发乎本真,真情流露。

做官才不久,就见识了常人一辈子也见识不尽的龌龊与虚伪,王绩发觉这个自诩有安邦定国之使命的管理集团竟然不是一个哪怕仅稍具正义感的人可以轻易施展才华的地方——何止如此,简直连存身都难。虽然俗谚说是金子到哪里都会发光,是石头到哪里都不会发光,但王绩发现,只有蛆虫才能在粪池里如鱼得水。

3

天下板荡,群雄蜂起,有迫于生计的作乱,有以暴力寻求正义的反叛,有机会主义者的政治投机,有浑水摸鱼的跟风起哄。这样的一个隋朝末世,是天真者的墓园,是野心家的乐园,而对于刚刚步入仕途的王绩,不幸属于前者。

对官场地图从来都可以做一个二分法,即中央与地方。在中央政府任职,天颜近在咫尺,任何细小的政绩与争宠都不愁不可以上达天听,升迁的机会远远多于地方;而地方政府天高皇帝远,若你在中央政府里缺少死党,那么过了不多久你就会被权力中心彻底遗忘。

当然，风险与回报从来都成正比。一个满怀雄心或野心的人总会力争中央职位，而一个只想平常做事、正直为人的人，还是远离中央，退避到地方官署为好。王绩的确很有些政治抱负，却也不乏审时度势的明智。他找准时机向上级报告说：我生病了，身体一直好不起来，对这份工作实在心有余而力不足啊！

幸而正忙着四处扑火的朝廷并不太在意这样一个官场新进的去留，便随便打发他到扬州做个小官。这真是才出龙潭，又入虎穴，因为扬州，隋炀帝下扬州的那个扬州，很快就会成为天下目光的焦点，成为群雄逐鹿的战场，成为庞大乱象旋涡的中心地带。

4

王绩在扬州越发不能自安，每日里只管饮酒，不问公务，以消极怠工的方式来打消上级主管不合时宜的期待与同僚们几乎完全出于职场本能的妒忌。而此时的天下一日乱过一日……

虽然没有人给苦闷中的王绩灌输正能量，使他可以笑对人生，迎难而上，但他至少也懂得消解职场压力的全部三项选择：要么狠，要么忍，要么滚。王绩心地淳善，所以狠不下去；心高气傲，所以忍不下来；只有对滚字诀他非但不介意，而且已经有过成功经验——既然装过一次病，何不再装一次！

六

　　王绩留下病假条，也不管上级领导批不批准，急慌慌趁着夜幕乘上一叶轻舟飘然远去，拂一拂衣袖，不带走一点牵挂。

　　就是在这一叶轻舟之上，王绩为世人留下了一句著名的叹息："网罗在天，吾将安之？"长安待不下去，躲到扬州；扬州待不下去，还能躲到哪里？正如一只目光犀利的大雁，看到整个世界忽然间遍布罗网，从此再没有任何乐土可以栖息，再没有任何明哲可以保身。在这样一句满载着负能量的真理里边，蕴藏着怎样一种刻骨的绝望感啊。

　　回返故土，避世全身，这也许是唯一行得通的一途。想想中原故乡，兄长王通多年来在那里教授生徒，名声一天高过一天，俨然化身为当代孔子，天下各大势力里都有他的门生。这样的人脉背景，倘若真到了什么万不得已的时候，总还可以借用一点吧？

　　于是，王绩以乱世避祸者的姿态回到了绛州龙门，只愿离天机更近，离人世更远。

5

转眼间隋唐易代。史书只是翻过了一页，真实的生活却远不是这样容易挨过的。

大唐初建，一大当务之急便是妥善安置隋朝旧官，无论这些人当初究竟是清官还是污吏，无论是良臣还是庸才，来不及细加甄别了，为了所谓大局，为了新朝的稳定，就是要赶紧给这些人安排官做，千万不要因为一忽怠慢而使他们敏感的心里生出怨怼与狐疑，合起伙来做点什么动摇新政权的事情。

作为前朝旧臣，王绩自然也在被征之列，轻易得了个门下省待诏的职位。新朝如此优容，前朝罪臣哪还敢不识抬举？然而个中况味，当真如鱼饮水，冷暖自知，只有在面对至亲骨肉的时候才可以吐露一二。那一次是弟弟王静问起："待诏的工作可还顺心吗？"王绩答道："这个职位薪水微薄，境况萧瑟，只有按时供给的三升好酒勉强使人留恋罢了。"

从这一番问答里，我们分明看到了竹林七贤的影子，但王绩毕竟不是阮籍，他还没有那么大的名头和背景可以尽情放诞。幸而哥哥王通历年来积累下的人脉终于在这个时候发挥了一点作用：江国公陈叔达曾经跟随王通读书，如今贵显于新朝，在听闻王绩的这一点点抱怨之后，他以胜利者的豁达姿态动用特权，特批给王绩每日一斗好酒，王绩因此有了"斗酒学士"的雅号。

无论陈叔达对王绩的帮助还是王绩对陈叔达的攀附，仅限于这一日斗酒。对于习惯官场逻辑的人士而言，这实在是一件可怪的事情。这位陈叔达，毕生碌碌，虽然官至宰辅，却是初唐宰相里最乏善可陈的人物，名声不播于后世，只因为这一次特批，在文学史上留名千载。

6

时光荏苒，年号从武德步入贞观，皇帝由李渊换作了李世民。但哪怕是有足够预见力的大唐子民，估计也很难认为这位太宗皇帝即将开创中国历史上赫赫有名的贞观盛世，以雄才伟略成为一代英主。

在当时的唐人看来，这位年轻新君刚刚发动了玄武门之变，弑兄逼父，屠杀了兄弟的满门。尤为令人齿冷的是，他在灭掉亲兄弟李元吉的满门，将后者的全部家资赐给了政变第一功臣尉迟敬德之后，竟然还将元吉的爱妃收入自己的后宫。

修齐治平，这是儒家最核心的政治纲领，这意味着帝王的首要之务在于修身，身修则家齐，家齐则国治，国治则天下平。而一位修身不谨、治家不严的帝王，一位连父子兄弟之情都可以轻易践踏的帝王，又怎可以作为天下人的道德表率呢，又怎可能真心关爱全天下的每一个平凡百姓呢？

以这样的视角来看时局，那么玄武门之变分明是乱政的先兆。遥想李氏门阀当初起兵反隋的时候，战争檄文里历数隋炀帝在私生活上的滔天大罪，而李世民此时的所作所为，究竟比当初的隋炀帝好上几分呢？

当然，那些胸怀"大局意识"的人不会这样多想，处心积虑的投机客们也不会这样多想，只有一些在儒家义理里浸淫得执拗而天真的人——像王绩这般执拗而天真的人——才会这样多想。而官僚体系中一名理应为王朝尽职尽责的臣子，一旦这样多想，或多或少地总会耻于在这样一位帝王手里赚取俸禄吧？

7

王绩于是开始了一生之中的第三次称病辞官，重返故乡，以古井不波之心做回了沉潜的隐士。作为儒学世家的子弟，作为名儒王通的弟弟，王绩终于抛弃了一切的儒家经典。是的，这些高头讲章的道理虽然不错，而一旦参照现实，便只会令人心烦。真正的诗人最不能接受的事情只有一件，那就是虚伪，而现实，尤其是政治，从来都是场场无休的奇幻魔术秀。

王绩的床头从此只有《周易》《老子》《庄子》这三部书，

即魏晋名士们津津乐道的所谓"三玄"。儒家经典不再看了,省得给心里添堵。王绩终于懂得了魏晋风骨之所由来,而假若生活可以选择,他一定宁愿对此懵然无知的吧?

王家毕竟是当地大族,虽然改朝换代,多少还剩得一点家底。所以,王绩不乏隐居的资本,他的隐居生活至少比陶渊明舒适许多:一切耕种、酿造、畜养之务都有若干仆人在做,他自己乐得逍遥,在饮酒赋诗之中优游卒岁。他不再是隋朝的神仙童子,也不再是大唐的斗酒学士,他为自己取了一个全新的字号"东皋[1]子",表明自己只是一名与世无争的小地主罢了。"东皋子"也可以翻译成"东坡居士",苏轼自号"东坡居士"的时候,处境正与此时的王绩类似,表达的态度也很类似:我就是一个自得其乐的小地主,请你们千万不要把我当回事!言下之意,我自己玩自己的,我也不把你们当回事!

小地主的唯一理想就是保住自己的一亩三分地,或者说保住自己最后的一片精神家园,与广袤喧嚣的现实世界井水不犯河水。王绩固执地坚守着这一点底线,哪怕是当地最高长官亲自来访,他也避而不见,以不合作的姿态对贞观盛世表达自己的一点微不足道的轻蔑。

---

[1] 东方的田野或高地,后引申为归隐之意。——编注

二

8

王绩的诗,《野望》是其传世之作中最出名的一首,也是被误读最深的一首:

> 东皋薄暮望,徙倚欲何依。
> 树树皆秋色,山山唯落晖。
> 牧人驱犊返,猎马带禽归。
> 相顾无相识,长歌怀采薇。

若不晓得时代之背景与人物之生平,便很容易将这首诗理解为一首单纯的田园牧歌。

诗句看上去确实是田园牧歌的腔调:东边高坡上已有薄薄的暮色,天很快就要黑下来了,而我徘徊着将要归向哪里呢?层林间只有秋意,群山上唯余落晖。牧人驱赶着牛犊,打猎的人将猎来的飞禽挂在马鞍上,纷纷走上归家的路。而我茫然四顾,竟看不到一个相识的人,只有唱起《采薇》之歌,遥想古代的高士。

其实,这首诗的主题不是田园,而是孤独。

天色暗淡了,正是归家的时候。每个人都有自己的归宿,唯独自己寻不到任何一条属于自己的归路。相顾无相识,难道真的在东皋之上没有熟识的面孔吗?不,这里分明就是王绩的故土,到处都是世代熟识的家乡故老。只是所有这些人,所有东皋附近的人,

三

所有绛州龙门的人,所有大唐的人,从中却找不出一个可以与自己同声相应、同气相求的人。

如果一定要找到这样的人,便只能从历史上找。那是武王伐纣的时候,伯夷、叔齐叩马而谏,说纵然纣王无道,武王也不应该以下犯上。后来殷周易代,伯夷、叔齐耻食周粟,隐居在首阳山上采薇充饥。传说他们作有《采薇歌》:

> 登彼西山兮,采其薇矣。
> 以暴易暴兮,不知其非矣。
> 神农、虞、夏忽焉没兮,我安适归矣。
> 于嗟徂兮,命之衰矣。

在伯夷、叔齐看来,武王伐纣不过是以暴易暴,实在不足为训,但世界从来不听道德家的规劝,那些严苛的道德操守终归抵挡不住历史的车轮,更抵挡不住野心家的战斗热情。上古神农氏的太平盛世再也找不到了,而只有那样的道德世界,才是恪守道德之人唯一的安居之地。

伯夷、叔齐寻不到归宿,王绩也如他们一样寻不到归宿。有道德洁癖的人终归不能以虚伪的态度应对世界,然而在尔虞我诈、波诡云谲的现实世界里,真诚的人从来都无法获得心安理得的幸福。

但这还不是《野望》之孤独感的全部含义。倘若王绩知道

一三

千百年后，贞观之治赢得了非凡的荣誉，获得了最广泛的认同，没人在意领袖的私德，只在意他是否开创了一番丰功伟业，在意他是否给我们带来了足够的福利；倘若王绩知道自己的道德操守就这样被历史的车轮轻易碾碎，自己诗句里如斯的孤独苦闷被后人当作田园牧歌的小小情调来轻松吟哦……倘若他知道这一切，他一定更会孤独得不成样子了吧？

◇王绩名字考

　　王绩，字无功。"绩"的意思是功劳、成就，而"无功"表示没有功劳，没有成就。名与字相映成趣，很有道家旨趣。"无功"一词出自《庄子·逍遥游》中的"至人无己，神人无功，圣人无名"，是说一个人若修炼到神人的境界，表面上将会和光同尘，并无明显的功绩可寻。

海内存知己,
天涯若比邻。

大唐诗人往事
THE PAST
OF TANG DYNASTY
POETS

关键词

初唐四杰、放诞、腹稿、夭折

王勃·青春即是终生

1

初唐四杰,王杨卢骆。这个排名,原本依据的是他们的文章成就,与诗歌水平并不相关。以诗歌论,四杰之中最出色者当属王勃。

王勃,绛州龙门人,是隋末大儒王通的孙辈,前文传主王绩正是他的叔祖。

唐代多出神童,王勃正是唐代最早知名的一位神童,六岁稚龄便能写出一手不错的文章。书香世家,神童出世,这实为一件值得瞩目的新闻。世人最喜锦上添花,更何况王通当年桃李满天下,王勃若想沾些余荫总还不算什么难事。及至唐高宗麟德年间,王勃年方弱冠,便有名臣刘祥道为他举荐,而王勃倒也争气,以优等成绩考中进士科。

唐代有"三十老明经,五十少进士"的谚语,形容明经科易考,三十岁考中已属老成;进士科难考,五十岁及第堪称新进。王勃二十岁便考中进士科,这简直就是一个奇迹。

成名太早,虽然人人艳羡,却也未必就是好事。毕竟少年得志,未经磨炼,总难免心高气傲,甚至心浮气躁,不经意间便会恃才傲物起来,将自己看得更高,将旁人与世界一起看得更小,每一份为打点前途做的努力总在不知不觉之间由铺路变成了筑墙。

王勃虽然够聪明,也够博学,然而世事练达的智慧是必须靠岁月来打磨的。而多年的历练，只是使王勃从一个心浮气躁、恃才傲物的少年成长为一个心浮气躁、恃才傲物的青年。换言之，他真的不曾长大过。

更为不幸的是，一个浮躁的人掉进了一个浮躁的圈子。

当时的长安城是一个纸醉金迷的地方，是所有纨绔子弟的天堂。玩乐的花样是如此之多，足以令异乡的游子千金散尽。最流行的娱乐莫过于斗鸡，就连诸位皇子也乐此不疲。王府宴会，每每以斗鸡为戏，而斗鸡若要斗得有皇家风范，斗得不同于市井流氓，便自然少不得文人的帮衬。

王勃不幸成为帮闲文人之一，用他那名满天下的文采为沛王府的雄鸡撰写了一篇讨伐英王府雄鸡的檄文，极尽谐谑之能事。以今日眼光观之，这无非是年轻人再正常不过的游戏精神，然而听闻此事的唐高宗不禁勃然大怒，一是怒儿子们玩物丧志，荒唐到这般地步；二是怒王勃文人无行，毕竟文章乃圣人之道，檄文乃军国要事，怎可以用作游戏的笑料呢！为斗鸡撰写檄文，真不知多无聊的人才会做这样的事情！

2

李世民弑兄逼父，私德有亏，成就了帝王伟业；王勃游戏檄文，

一八

私德不检，却被罢免公职，逐出长安。而接下来，王勃又做了一件不知道是否也属于私德有亏的事情。

或许是出于年轻人特有的对仗义豪侠的向往，王勃藏匿了一名犯有死罪的官奴。但王勃毕竟不是真正的豪侠，一旦发热的头脑冷静下来，对这件事越想越觉得后怕。请神容易送神难，若将逃奴送交官府，一来怕逃奴铤而走险，二来会泄露自己的窝藏之罪。王勃并不是一个心思缜密的人，决断力和执行力却强到令人咋舌，果断地以杀人灭口的方式来消除一切后患。不要小看诗人，诗人凶残起来也可以很吓人。

人虽杀了，口却未能尽灭，这桩丑闻终于还是败露了。恰逢朝廷大赦，王勃逃过一死，只是连累了父亲被贬为交趾县令。

交趾是南方瘴疠之地，向来被中原人士视为畏途。贬官交趾，无异于驱人赴死。被愧疚感折磨着的王勃这一回南下交趾探望父亲，怕也是存了与父亲一道死于瘴疠的决心吧。

张狂放诞的王勃只有在父亲面前才有一点传统文人的本分样子，以孝道来要求自己。他曾说过为人子者不可以不懂医道，于是悉心搜求医家秘方，自学而成一身精湛的医术。他还因为虢州盛产药草，上书求任虢州参军这样一个微职。然而他那恃才傲物的做派早已经把同僚们得罪尽了，大家虽然敬佩他的孝心，却没人愿意给他一丁点的扶助。

父亲贬官交趾，王勃南下追随，而这样一次沉痛的教训居然并未使王勃领悟到什么。也许在天才眼高于顶的自负里，任何足以

一九

磨炼常人心志的浮沉祸福都只是若非特别留意便不会看到的一粒微尘吧。他这一路南下，不知情的人简直会被他那嚣张不减的言谈举止所误导，以为这实在是一场衣锦还乡的旅行。

是的，他那张狂放诞的天性终究难以移易。就在途经南昌的时候，王勃不期而至地参加了庆贺滕王阁落成的盛会——这样的盛会，这样的扬名露脸的机会，怎能少了王勃的身影呢——他在会上文不加点，悍然抢了南昌长官爱婿的风头，全不在意一点点最基本的人情世故，而在饱受座客腹诽的同时，却也为文学史留下了《滕王阁序》这篇名文，留下了"落霞与孤鹜齐飞，秋水共长天一色"这一联名句。这样的"英才"，活该要被天妒。

3

在中国的传统里，从来没过"职业写作"一说。文以载道，不该拿来卖钱。但好的文章总会人人钦羡，好的作者也因此而自然具有了市场价值。王勃擅写骈文，以绮丽著称，而绮丽风格的骈文恰恰就是初唐的主流。人们愿意以高昂的稿酬约请王勃撰文，王勃也乐于以稿酬为生，轻而易举间竟然以此致富。

王勃撰文，很有一点行为艺术的味道：每次接到约稿，并不精心构思，只是一口气研磨出几升墨汁，再酣饮一通，趁着醉意蒙头大睡，待一觉醒来，立时挥笔成章，不改一字，时人称之为"腹稿"。

二〇

"腹稿"一词直到今天仍然在现代汉语里沿用,只是神秘色彩荡然无存。所谓"打腹稿",无非是指一个人在发言或撰文之前精心构思罢了,毕竟一千多年来也再找不出第二个王勃。

我们永远无法知道倘若假以时日,倘若上天给王勃以中人的寿命,王勃究竟能在文学一途走出多远,又会不会收摄年少的轻狂,如一切庸才一样成长为一个沉稳而练达的人。就在南下交趾探望父亲返回的途中,王勃溺水受惊,轻易地死于这一场意外,那一年他才不过二十七岁。我们不能抱怨王勃的诗歌永远只是轻狂,从来不曾浑厚,毕竟他真的不曾活到足以具备浑厚诗风的年纪。

4

王勃的诗歌以《送杜少府之任蜀州》最负盛名,内容虽然只是纨绔子弟未经世事的豪言壮语,但这样的内容一经王勃天才过人的文学才华点染出来,让读者觉得那洒脱的侠情背后竟有一种波澜壮阔的宏伟气象:

> 城阙辅三秦,风烟望五津。
> 与君离别意,同是宦游人。
> 海内存知己,天涯若比邻。
> 无为在歧路,儿女共沾巾。

二

写这首诗的时候,王勃还在长安做事,其时一位杜姓友人从长安外放蜀州,王勃作此诗令彼此感动,是因为两人都是官场中人,习惯了被任命文书调来调去的身不由己的日子。然而只要彼此相知,多远的距离都不会成为阻碍,何必如少男少女那般在话别时哭哭啼啼?

史料并不曾告诉我们这位杜少府究竟是谁,和王勃的交情究竟怎样。《全唐诗》存王勃诗两卷,通观下来,以宴会赋诗与怀别友人之诗最多,看来王勃绝对是一名社交场上的活跃分子,人缘似乎也并不如史料记载的那般不堪。只是不知道这些怀友与送别的诗歌,在王勃而言或是真诚的,而那些被怀念、被送别的人,究竟是真正的海内知己,抑或仅仅是酒宴上眼花耳热之际的泛泛之交呢?以王勃的人生来看,后者的可能性恐怕要更大一些。

但这又如何?诗歌贵真,这"真"是情感的真,而非事实的真。我们经由王勃的诗歌看到王勃眼里的真相,满足灵魂对赏心悦目的一点渴求,这就足够了。

◇王勃名字考

王勃,字子安。"勃"的意思是兴起、兴盛,"安"的意思是安宁、安定。先兴盛而后安定,是一个完满的顺序。推想起来,在成人礼上为王勃取字的时候,之所以选择这个"安"字,怕是也有意教他收敛一下恃才的狂傲吧?

宁为百夫长，
胜作一书生。

大唐诗人往事
THE PAST
OF TANG DYNASTY
POETS

关键词
初唐四杰、麒麟楦、边塞诗

杨炯·从未亲历边塞战争的边塞诗人

1

杨炯也是一个神童,但与王勃不同的是,他是规规矩矩考试考出来的神童。

唐代科举,专有一门神童科,针对的是十岁以下的稚龄考生。当然,考试要求不高,十岁的杨炯顺利登科。以神童称号的含金量而论,杨神童比之王神童自是大大不如。直到唐高宗上元三年,二十七岁的杨炯考中制科,才算正式踏上了为官之路。

官场上最需要的从来都是老成持重的人,而非富于艺术家气质的才子。杨炯偏偏就是这样的一名才子,恃才傲物的气焰一点也不输给王勃。

越是才华横溢的人越不喜欢循规蹈矩,也越是受不了繁文缛节的程序和虚情假意的人情往来,但是仪节偏偏是使社会生活秩序化不可或缺的工具,虚伪偏偏是人际交往中最要紧的润滑剂。上流社会的生活需要太多外在化的装扮,要靠精致的服饰来装点,要靠烜赫的车马来烘托。这一切当然很造作,很假,至少在杨炯看来是这样的,而若是请老于世故的人舍弃其中的一点什么,他们一定在思前想后之后觉得每一件都是必需品。

2

恃才傲物的人大多喜欢嘲弄别人,杨炯也不例外,他给那些"矫饰主义者"取了一个促狭的绰号:麒麟楦。有人询问其意,杨炯悠然答道,你看那些演出麒麟戏的人,要画出一个麒麟模样的外壳套在驴子的背上,将驴子装扮成麒麟。一旦揭去这层画皮,驴子依旧只是驴子。

刻薄话的传播速度只有光速可以媲美,刻薄话的听众偏偏还最有对号入座的本事,所以杨炯忽然变成了全民公敌。既然将同僚得罪尽了,仕途也就注定走不远了。

因不见容于同僚,杨炯被外放为盈川县令,担负起一县所有鸡毛蒜皮的管理工作。像杨炯这样的才子,往往宽以律己,严以待人,所以单打独斗可以尽展所长,却绝对做不来管理工作。好的管理者不需要才华,只需要赏识才华的眼光和过人的协调能力,这就是刘邦之所以文韬武略尽不如项羽,最终却能够打败项羽的原因。个人能力越强则配合能力越差,越是无法容忍"猪一般的队友",这个道理已是如今管理学的常识了。不幸的是,一千多年前的杨炯还不具备这样的认识。

名相张说很能体会年轻人的委屈,特地写给杨炯一篇《赠别杨盈川炯箴》,告诫他待人处世尽量以宽和为上。

如果乐于听从老于世故的良言相劝,那么杨炯也就不成其为杨炯了。到任之后，杨炯果然以严酷著称，看来才子正如太阳，我们远远地崇拜一下也就是了，千万不能靠近。

3

杨炯是在四十岁出头的时候死在盈川任所上的，对于公职人员来说，这是一种马革裹尸式的光荣死法。正所谓几家欢乐几家愁，初唐文坛痛失巨星，但多年来饱受讥讽的杨炯同僚们或许会生出一点幸灾乐祸的快感，而盈川的县吏与百姓也终于可以长吁一口气了。

初唐四杰，一般以"王杨卢骆"为序。对于这个排名，杨炯自己有过一句著名的议论，即"愧在卢前，耻居王后"，似乎认为自己的文采不及卢照邻，却胜过王勃。

由此想来，王勃与杨炯同为文坛骄子，各擅胜场，又都是恃才傲物、眼高于顶的人物，彼此之间定有一些龃龉。然而王勃殁后，杨炯为其文集作序，即文艺评论史上赫赫有名的《王勃集序》，洋洋洒洒数千言，显然煞费苦心。序中有这样一句："卢照邻人间才杰，览青规而辍九攻"，这是说卢照邻这样的文学天才，在王勃的文章之前都要自愧不如。看来，杨炯要么就是对王勃的看法逐渐发生了改变，要么就是死者为大，不再有心与早夭的王勃争一时之短长了。

4

仅以诗歌的造诣而论,杨炯显然不及王勃的才气与旷达,但论题材的广度则大有过之。最有意思的是,杨炯虽然一生皆任文职,却实在写了不少边塞诗,那些"冻水寒伤马,悲风愁杀人"之类的句子仿佛诗人真亲身经历过沙场征战似的。想来杨炯若生在现代,一定是武侠小说的忠实拥趸吧。

若论杨炯诗歌中最出名者,首推《从军行》:

> 烽火照西京,心中自不平。
> 牙璋辞凤阙,铁骑绕龙城。
> 雪暗凋旗画,风多杂鼓声。
> 宁为百夫长,胜作一书生。

这首诗的叙述节奏非常迅捷,成功地营造出了一种紧迫感。报警的烽火连绵燃烧,一连将敌人入侵的消息报到长安,在人心中顿掀波澜。兵符刚刚离开皇宫,骑兵迅速迎敌,直捣匈奴大营。行军途中总是狂风暴雪,凋谢了军旗的颜色,杂乱了战鼓的声音。这样的景象是如此令人振奋,以至诗人最后发出这样的感慨:好男儿就该这般建功立业,就算担任一名小小的将佐冲锋陷阵,也胜过作一介书生枯守书斋。

唐代是一个开拓的时代,极重武功。在这样的时代大势里,就连书生也每每生出投笔从戎的梦想。其实，正如太平时代的少年总喜欢收集军用物品，并且对各种战争机器的型号、配置如数家珍一样，从未上过战场的古代书生也总是喜欢在自己的文学世界里就战争的浪漫津津乐道。真正经历过战争的诗人不会写出这样的诗——他们会写"北风卷地白草折，胡天八月即飞雪"，也会写"孟冬十郡良家子，血作陈陶泽中水"。战争永远都是残酷的，从不会因为其正义的立场或大捷的结局而变得有任何一点浪漫气息。

杨炯从未上过战场，从未切身感受到战争的残酷，所以他才能够写下如许脍炙人口、催人奋发的边塞诗，鼓舞着一代代同样不曾上过战场的年轻人。

那是青春应有的热血沸腾，美丽如斯，但愿这沸腾的热血永不会在战场上真正地喷洒出来。

相思在万里,
明月正孤悬。

大唐诗人往事
THE PAST
OF TANG DYNASTY
POETS

关键词

初唐四杰、丹药、疾病、自杀

卢照邻·灵丹妙药的受害者

三

1

唐代奉道教为国教，很流行一些炼丹服饵之术、修仙辟谷之方。自皇帝至庶民，有时举国若狂。

说来有些吊诡的是，对道教的尊奉原本只是李唐皇室的愚民手段罢了，一来渲染出若干种合法性神话，称屡屡有仙人降世帮助灭隋兴唐，二来道教始祖李耳（老聃）恰好与李唐同姓，可以毫不费力地拉来认作祖先，自高身价，而愚民愚得久了，李唐皇室自己也不由自主地陷入了对道教方术的迷狂，于是乎"服食求神仙，多为药所误"，帝王接二连三地死于金丹中毒，就连英明神武的唐太宗李世民也没逃脱这般愚昧的死法。

上有所好，下必甚焉。但凡有头有脸的家族，若不供养几位道士，服食若干金丹，出门都会被人瞧不起。而那经历千辛万苦方才炼成的金丹，纵然不可以使人白日飞升、成仙而去，至少也可以祛病养生、延年益寿。倘若有人怀疑金丹的效果，他若不是真的愚蠢，就一定是标新立异、哗众取宠。

金丹既然如此神异，如此珍稀，那么按照经济规律，市场间一定会流通有无数的伪劣制品，纵你是王公贵族也难保不会买到假货，假冒伪劣和药品安全问题远比我们想象的古老。

道教讲究机缘，一粒真正的灵丹只会在深山更深处被某个心诚的有缘人"偶然"遇到。于是那一天，长安近旁的终南山上，因病而辞官隐居的文坛名士卢照邻偶然遭遇了一名仙风道骨的方士，偶然从这位方士手上求得了一剂道教至宝：玄明膏。

2

这个现代武侠小说里的滥俗桥段，今天旅客们最常遇到的经典骗局，就这样在一千多年前的大唐盛世的一隅如此这般地真实发生着。

卢照邻并非愚夫愚妇，而是初唐四杰之一，是文化精英当中的耀目一员。他以诗人的真诚，真诚地迷信着金丹的灵验。这也有病急乱投医的因素：自己偏有疾病缠身，一切药石又偏偏均告徒劳，那就煎一剂玄明膏，期待它脱胎换骨、易筋洗髓的奇效吧！

也许卢照邻与道术终归缺少了一份机缘。就在煎服玄明膏的时候，忽然传来父亲去世的消息。卢照邻嚎啕大哭，哭到呕吐，哭到连丹药也呕出了大半。自此以后，非但故疾不见好转，反而增添了不少稀奇古怪的毛病，渐至手足痉挛，再也无法自如行走了。

3

俗话说"久病成医",卢照邻病得越久,对医术便越是沉潜。

虽然家境早已被自己的病体拖垮,但凭着"天下谁人不识君"的赫赫文名,常常有一些达官显贵派人供给衣食与药物,他的基本生计倒也勉强无忧。

早在多年之前的一次机缘巧合里,卢照邻幸运地结识了名医孙思邈,并且更加幸运地拜在后者门下为徒。阴阳如何相济,五行如何相生相克,如何阳用其形,阴用其精,天人所同……凡此深奥的医理,佶屈的口诀,不知不觉间他已经背得纯熟,悟性也自认为不差,但也只是依旧病着,依旧痛着,除了自己的医学造诣提升到了常人无法企及的境界,什么都不曾改变。

或许买田置地、改换新居可以纾缓一下心情。于是卢照邻离开终南山,在具茨山下买园数十亩,花大把的时间,在新居装修的各种事项上自得其乐。

新居就在颍水之滨,卢照邻悉心指导仆人,环绕宅第开凿沟渠,将颍水引到自己的枕边窗外。但这又如何呢,终归还是病苦,还是诸事不顺,还是不开心。卢照邻又为自己挖了一处墓穴,如一位行为艺术家一般常常偃卧其中,在幽暗的光影与冷冰冰的泥土气息里自怨自艾,自暴自弃。

终于在花甲之年,不堪重负的卢照邻作出了一个决绝的选择:

与亲人道别，投颍水自尽，亲自为病痛缠身的自己施行了一次并不安乐的安乐死。

这样的死法，当然大大有悖儒家伦理，而如果严格依照法律，那些与他郑重作过别的亲属甚至还免不了一场牢狱之灾。但事情终于还是风平浪静地过去了，世人同情卢照邻的遭际，在那个尚未诞生道学家的时代，没有人会苛责他什么。

4

回顾卢照邻的一生，实在是充满负能量的一生。多病的身体使他一辈子情绪低落，职业生涯的不顺遂更加让他愤愤不平。他总是有抚不平的抱怨，说不尽的牢骚。

而幸或不幸的是，他毕竟是一代文坛大家，有能力将这些抱怨、牢骚倾泻笔端，写下一篇极尽冗长之能事的《五悲》。所谓五悲，分别为悲才难、悲穷通、悲昔游、悲今日、悲人生。概言之，人生处处可悲，倘若突然出现了什么可喜的事，那一定是为了某个更大的悲剧做铺垫。

他还写过三篇同样冗长难读的《释疾文》，文中为自己的仕途偃蹇找理由说：高宗之时推崇吏治，自己偏偏以儒学为宗；武后之时施行法治，自己偏偏信奉道家的政治哲学；再后来武后封禅嵩山，屡屡聘请隐逸的贤士，自己却行近瘫痪，没办法应聘出山了。在每一个人生重大关卡上，自己为什么总是逆于时代大势呢！

郁闷的卢照邻为自己取了个"幽忧子"的雅号，这更加强化了负面的心理暗示：自己的一生难道不正是既幽且忧吗？所以他的诗歌里每每满溢忧郁的色调，即便是那些本该以开阔、激扬为主旋律的边塞题材的诗，譬如那首《关山月》：

> 塞垣通碣石，虏障抵祁连。
> 相思在万里，明月正孤悬。
> 影移金岫北，光断玉门前。
> 寄言闺中妇，时看鸿雁天。

这首诗拟边防军士的口吻：边境形势严峻，大战已是一触即发，而这时候我越发思念起万里之外的家乡，思念起守在家乡等我归来的妻子。此刻明月孤悬中天，妻子一定也在遥望这轮明月，并在月光中同样思念着我吧？夜色淡了，月亮离我远去。月影已移至匈奴的金山之北，最后一线月光也从汉家的玉门关上消隐，这一个无眠之夜啊！倘若你能够听到我的心声，就请你时时留意南飞的大雁，留意南归的信使，等待我平安归来的消息。

唐诗中所有关于边塞、闺情，以及望月怀人的作品，恐怕皆要以卢照邻这首《关山月》为大宗。这样的诗，对后人而言既是财富，也是障碍。核心意象都已写尽，修辞手法已臻极致，要想别出机杼实在太不容易。

卢照邻的诗,许多都是这个调子,既幽且忧,幸而意境寥廓而不逼仄。他毕竟是一代文坛大家,名列初唐四杰,即便身上带着再多的负能量,也不会永远掩住"人间才杰"(这是杨炯对卢照邻的评语)的恢宏气象。他的生平告诉我们这样一个道理:一个抱怨了一辈子,为自己的失败人生找了一辈子借口的人,一样可以成为大师。

当然,他过得不开心,那是他自己的事。

◇卢照邻名字考

卢照邻,字升之。"照邻"一词的意思很难确考。傅亮《为宋公修张良庙教》有"张子房道亚黄中,照邻殆庶,风云玄感,蔚为帝师",所有这些话都是在高度赞美汉代开国名臣张良。据《文选》六臣注,其中"照邻殆庶"一句是说张良的行迹可以与孔门高足颜回"照明以为邻近",也就是交相辉映,足以并驾齐驱的意思。

楼观沧海日，
门对浙江潮。

大唐诗人往事
THE PAST
OF TANG DYNASTY
POETS

关键词
初唐四杰、算博士

骆宾王·
不曾观光的
观光客

1

"鹅，鹅，鹅，曲项向天歌。白毛浮绿水，红掌拨清波。"这是我们很多人小时候读到的第一首唐诗，作者是时年七岁的骆宾王。

书香门第训练幼儿做诗，往往就是这样命题咏物，而所命之题、所咏之物，都是小孩子身边的一些亲切事物。倘若这些儿童诗被大人们认真地记录下来，汇集成篇，积累到如今肯定已是卷帙浩繁，不亚于一部《全唐诗》的篇幅了。

但儿童习作，大多有碍观瞻，至多博大人一笑，能够流传下来的篇章一定很有一点不凡之处，比如骆宾王的这首《咏鹅》。寥寥十八个字，将鹅的核心体貌特征完全抓住，既有颜色之美丽，又有动态之趣味。单凭这首趣味盎然的小诗，七岁的骆宾王在神童排行榜上就应当位列王勃之上。

那么，参考王勃和杨炯的生平故事，我们似乎有把握推测骆宾王的成长轨迹：才华太高便难免恃才傲物，得到过太多的赞美便难免目中无人，所以骆宾王的性情一定偏执而高傲，绝无办法在人际关系中讨到任何的便宜，一辈子只有沉沦下僚，处处受人排挤。

这样的推测确实与实情相距不远，但令人诧异的是，成年之后的骆宾王，至少乍看上去并没有王勃和杨炯那样的狂态，相反，你会觉得他是一位敦厚老实的谦谦君子，默默然含英咀华，不事张扬——这的确就是他在道王府任职的时候留给别人的印象。

2

道王李元庆是唐太宗李世民的异母弟，一生显贵，最大的爱好就是收藏。

收藏癖是写在人类的基因里的，越是善于储藏资源的人才越能在残酷的生存竞争中幸存下来，而我们就是这些收藏癖的后代。穷人会收藏各种废弃品，以备某一天突然出现不时之需时可以废物利用；富人喜欢收藏财货，单单清点金币的过程就是一种莫大的享受；贵族的收藏以彻底超越功利性为标榜，收藏的越是那种既罕见又没用的东西，就越能彰显自己的贵族身份。所以贵族一般都会收藏艺术品，但道王李元庆的收藏癖是所有贵族收藏癖中最高等级的一种：他喜欢收藏人才。

所以，骆宾王在道王府任职，正可谓宾主相得。然而唐代制度对王府僚佐的任期有严格限制，一般不许超过四年，唯恐任职时间太长会使亲王与幕僚结成死党，危害政治稳定。换言之，在政治潜规则里，收藏人才是帝王一人的专利。所以从职业前途考虑，骆宾王只可以将道王府当作一个过渡、一个跳板，迟早都要到朝廷里任职的。

3

眼见得任期将尽，通晓人情世故的道王李元庆让骆宾王写一份自我推荐的文字。这是一个太过明确的暗示，等于告诉骆宾王，自己就要向朝廷举荐他了。

以今日情形而论，这就意味着骆宾王需要给自己做一份漂亮的简历，道王则需要以旧雇主的身份为这份简历附上一份推荐信，那么新公司与新职位也就指日可待了。今天的任何一名职场精英都不会觉得这里边有什么令人为难或尴尬的地方。

但是在儒家的道德规范里，自我推荐实在是一件值得羞耻的事情。自己的长处只应该由别人来发现和揄扬，绝不能做那种自卖自夸的丑事。骆宾王出身于书香世家，惯守清流门风，所以思前想后之下，终于写不出这份简历，索性离职归隐，闭门读书去了。

偏偏大唐富于开拓精神，鼓励进取，就连科举考试的成败都取决于考生是否会在达官显贵的府邸之间为自己奔走。在世人心中，古老的道德已经悄悄让位于看得见、摸得着的实利。一个人若不肯自我推荐，世人非但不觉其高尚，反而会笑其迂腐。

所以在"务虚名而招实祸"之后，骆宾王内心其实一点都不能平和。想要以一己之力拗过时代大势，只有伯夷、叔齐那样的人才做得到。

4

就在骆宾王由仕而隐,由隐而仕,处处不得志地挨过岁月的时候,权力中心一直都在悄然改变着格局:对于李唐政权,武后这个外姓者,这个男权世界里的女人,渐渐由代管变成了代替。

这样的局面,当然是李唐皇族以及忠于李唐皇族的功臣世家们不愿看到的。于是徐敬业,开国元勋徐勣之后,纠合了一些仁人志士与野心家,在扬州发动兵变,打出了反对武后临朝,恢复李唐旧业的旗号。在这杆硕大的反旗之下,赫然伫立着骆宾王的身影。

历来革命事业都少不了两大核心元素,一是枪杆子,二是笔杆子。后者的重要性并不亚于前者,因为好的笔杆子可以先声夺人,在美化自己、丑化敌人的宣传中鼓舞自己的士气,瓦解对方的士气,赢得最广泛的道义支持。

古时候科技落后,武器原始,所以人心向背对政权的存亡确实有着决定性的意义,而好的笔杆子就可以在相当程度上左右人心向背。徐敬业起兵,不缺兵,不缺将,不缺武器,不缺粮草,只缺一个笔杆子,而骆宾王的加盟恰恰填补了这个最要紧的空缺。

我们很难说清骆宾王加入徐敬业的阵营,究竟是出于对李唐皇室的耿耿忠心,还是仅仅因为一生偃蹇坎坷而寻找政治投机的机遇。无论如何,骆宾王甫一出场便不负众望,以一篇《为徐敬业讨武曌檄》轰动大江南北。

就连武则天本人都不免为这篇檄文动容。她在朝堂上披览全文，当看到"蛾眉不肯让人，狐媚偏能惑主"这句时，还只是微笑不语，待看到"一抔之土未干，六尺之孤安在"时，不禁不悦道："宰相为何失去了这样的人才！"

历代檄文，论文采以骆宾王此篇为最，所以后来实至名归地被收录进了《古文观止》，成为人人娴习的名文。而就在檄文发布的当时，骆宾王的文采就获得了他有生以来最广泛的一次认可。

然而遗憾的是，在徐敬业的阵营里，枪杆子完全不能和笔杆子媲美，主力部队的溃败使这场起义变成了反叛，使正义之师变成了乱臣贼子。徐敬业被杀，骆宾王下落不明。

5

多年之后，人们早已忘记了当年那儿戏一般的战火。诗人宋之问从贬所还朝，途经钱塘，顺道游览灵隐寺。当夜月色正明，宋之问独步回廊，不禁动了诗兴。"鹫岭郁岧峣，龙宫锁寂寥"，这一联诗句脱口而出，而下两句究竟如何接续，一时间诗人竟被为难住了。

寺中一位老僧正在燃灯坐禅，见诗人徘徊焦灼的样子，便也动了凡心，与他搭话道："年轻人不去睡觉，在这里苦吟什么？"

待宋之问讲明原委，老僧笑道："下一联何不写作'楼观沧海日，门对浙江潮'？"

得此一联，宋之问思路大开，续足全诗道：

> 鹫岭郁岧峣，龙宫锁寂寥。
> 楼观沧海日，门对浙江潮。
> 桂子月中落，天香云外飘。
> 扪萝登塔远，刳木取泉遥。
> 云薄霜初下，冰轻叶未凋。
> 夙龄尚遐异，搜对涤烦嚣。
> 待入天台路，看余度石桥。

待到天明，宋之问再访老僧，却已经人去楼空。后来相询之下，才知道这位老僧竟然就是隐姓埋名的骆宾王。

这是一个流传久远却不经推敲的故事。宋之问与骆宾王算老相识了，在骆宾王的文集里就有着骆宾王与宋之问唱和酬答的诗篇。而人们之所以津津乐道于这则故事，怕是心里无不积聚着对骆宾王的好感与惋惜以及对宋之问的厌恶与鄙夷。

《灵隐寺》全诗，只有"楼观沧海日，门对浙江潮"这一联最佳，好得让全诗的其他句子都黯然失色，很有点鹤立鸡群的突兀感。这一联夹在全诗里，正如骆宾王夹在宋之问之流同样"著名"的诗人行列里。

6

骆宾王写诗，好用数字构成对仗，所以得了个"算博士"的绰号。诸如"三十二余罢，鬓是潘安仁。四十九仍入，年非朱买臣"，"秦塞重关一百二，汉家离宫三十六"，"且论三万六千是，宁知四十九年非"，这种风格后来被杜牧学去了，所以才有"南朝四百八十寺，多少楼台烟雨中"等句子。

其实在律体诗兴起之后，对仗用数字已经很有难度。因为律体诗讲究平仄字音，哪里用平声字，哪里用仄声字，马虎不得；而中国的数字，从一到万，一共只有两个平声字，即"三"和"千"，这就为写诗填词带来了很大的困难。

骆宾王其时幸而是律体诗初兴的时代，要求还不严，自己又好写古风，所以使用数字入对，要比生活在律体诗成熟期的杜牧来得轻松许多。

骆宾王擅写五言诗，作品以长篇五古居多，然而经过时光的汰洗，却是短小精悍的五言绝句最为动人，著名者如《于易水送人》：

> 此地别燕丹，壮士发冲冠。
> 昔时人已没，今日水犹寒。

易水，是战国时燕太子丹送荆轲刺秦时的作别之地。因为这段历史,易水在诗人眼中无论寒暑都带有凛冽萧瑟的气象。送别友人,只是一场最普通不过的送别罢了,却因为这里是易水,情感便不能不复杂起来。

这样的诗就是有这样的魅力。

只有熟谙历史的人,才能够真正地读懂地理。

◇骆宾王名字考

骆宾王,字观光。名与字皆出自《周易·观卦》的爻辞"观国之光,利用宾于王",这一句直译过来,大意是说观看一国之风光,利于做国王的宾客。如果是外交官占卜出这样的爻辞,职业生涯一定非常顺遂。

"观光"一词,现在已经是"旅游"的同义语,而在应用《周易》的周代,一国的使者到另一国出访,接待人员总会带他四处转转,领略本国的风土人情,是谓观光。所以观光是一种政治行为,是只有"王者之宾"即国宾才有资格去做的事情。名宾王,字观光,这样的名与字蕴含了长辈对骆宾王的仕途期许,而骆宾王这一生却从不曾真正地"观光"过。

近乡情更怯，不敢问来人。

大唐诗人往事
THE PAST
OF TANG DYNASTY
POETS

关键词

文人无行

宋之问·卑鄙是卑鄙者的通行证

1

岭外音书断，经冬复历春。
近乡情更怯，不敢问来人。

这首《渡汉江》是宋之问传世的第一名篇，以一名滞留异乡多年的游子口吻道出返乡途中的微妙心理。这首诗之所以广为传诵，是因为它道出了所有在外多年的游子在回乡途中所特有的且喜且怯的心理。游子久居异乡，和家乡不通音信，当真有一天踏上归途的时候，离家乡越近，心中却越是忐忑：家乡还是原来的样子吗？家人都还好吗？会不会发生了什么变故呢？亲朋好友如今都怎样了呢？……如果遇到了从家乡过来的人，想问却不敢问，生怕有什么不好的消息会让自己难以承受。

久别的家乡，就像一封写满你想要了解的事却不敢拆封的信。

的确，单独来看这首诗，确实是这个样子的，但如果本着知人论世的态度来看，我们简直要大跌眼镜了。

诗中所谓"岭外"，就是岭南，即五岭之南。五岭是南方的五座大山，分隔了长江流域和珠江流域，中国古代习惯称广东、广西一带为荒蛮之地。就在宋之问的时代，一位家住岭南的青年远行向禅宗五祖弘忍大师求学，弘忍说："汝是岭南人，又是獦獠，若为堪作佛。"至少从字面上看，显然是有地域歧视的。这种地域歧视，就是因为五岭隔绝南北，中原地区的先进文化很难传播到岭南，造成了岭南地区文化和经济的落后。直到岭南人张九龄做了宰相，在大庾岭开凿了梅关古道以后，岭南地区才逐步得到开发，而那位岭南獦獠后来则成为禅宗赫赫有名的六祖慧能，反而把岭南文化传播到了中原。

所以，宋之问时代的五岭，不但是地理分界线，更是政治、经济、文化的分界线。过岭向南，就是政治失势者的西伯利亚了。

宋之问这次被贬岭南，从道义上说，因为他谄附奸佞，结果随着奸佞的倒台而一并受到了惩处，属于罪有应得；从政治斗争的角度来说，是他在政治队列里站到了武则天的男宠张易之的一边，张易之呼风唤雨的时候，宋之问也鸡犬升天，张易之倒台的时候，覆巢之下更无完卵。

2

宋之问这次回来，并不是遇到赦免，而是偷偷从贬所逃出来的。

这一段旅途，用"惶惶如丧家之犬"来形容，一点都不为过。在《渡汉江》这首诗里，所谓"岭外音书断，经冬复历春"，是写在岭南的生活和感受；而接下来说的"近乡情更怯"，"近乡"就是偷跑出来的结果。逃过了汉江，他就写下了这首诗。

但是，我们不要被"近乡"这个词迷惑住。作为一个政治动物，宋之问的这次出逃并不是逃回家乡，而是逃回了当时的政治中心洛阳，藏匿在张仲之的家里。所以，诗中所谓"近乡情更怯，不敢问来人"完全不是字面上的那个意思。试想宋之问作为一个见不得光的逃犯，见到家乡的来人避之唯恐不及，哪里还敢出言问询呢？

在当时的一番政治地震之后，素有奸佞之名又属于应该倒台的武氏党人武三思却令人瞠目地幸存了下来，不仅如此，他还再次得到重用。正义感未失的张仲之和王同皎等人对此切齿痛恨，密谋除掉武三思，却没料到上演了一出农夫与蛇的故事，被恩将仇报的宋之问借近水楼台之便检举揭发出来。"乱臣贼子"受到了应有的惩罚，"忠义之士"宋之问因功受赏：不但逃离贬所之罪不被追究，还再次登上政治舞台。虽然天下人无不唾骂他卑鄙无耻，但卑鄙从来都是卑鄙者的通行证，宋之问偏偏就是靠着卑鄙无耻给自己赚来了幸福生活，谁又能够奈何他分毫呢？

3

"文人无行"这个词在宋之问身上得到了完美的体现。在我们的惯常印象里，一个人如果狂傲，一般就不会卑鄙，因为狂傲也就意味着自高身份，便不屑去做那些蝇营狗苟的勾当；而一个人如果卑鄙，一般就不会狂傲，因为他晓得自己是如何的卑鄙龌龊，言谈举止间便免不了一些谨小慎微和疑神疑鬼。但宋之问是个例外，集狂傲与卑鄙于一身，我们观其生平，简直就像在看一场行为艺术的表演。而他的诗作，绝大多数都是应制作品，虽然辞藻华美，音律铿锵，但内容无非是歌功颂德，粉饰太平，极尽吹牛拍马之能事。这样的诗，放在文学史上毫无价值，却总能在当时当地给诗人创造最大的价值。

　　元好问的《论诗》绝句说："心画心声总失真，文章宁复见为人。"观其文未必能够知其人。我们如果孤立地来看《渡汉江》这首诗，哪里能够读出如此复杂的内幕。但是，从文艺评论的角度来说，知人论世是一方面，也存在相反的一途，即认为作品一旦完成，就脱离其作者而独立存在——宋之问的这首《渡汉江》正是阐释这一文艺理论的绝好范例：当我们孤立地来读这首诗的时候，诗的含义便大大超越了作者的本意。张仲之和王同皎肯定不会喜欢这样的文艺理论，但他们又能怎么办呢——太多真心喜欢宋之问诗句的人非但不在意宋之问的为人，更不晓得张仲之和王同皎的名字。

九月寒砧催木叶,
十年征戍忆辽阳。

大唐诗人往事
THE PAST
OF TANG DYNASTY
POETS

关键词

沈宋、律体诗奠基人

沈佺期·唐代律体诗之始

1

唐高宗上元二年，年仅十八岁的沈佺期考中进士科，以少年俊彦的姿态在大唐政坛上华丽丽地出场了。宋之问也是这一年的同榜进士，两人后来又一起做了协律郎和考功员外郎，成为御用诗人之双璧。两人齐名，并称"沈宋"。沈佺期与宋之问的文学与人生，从此就这样错杂在一道了。

御用诗人往往受到正人君子的鄙薄，其实单就才华而论，要做好一名御用诗人绝对比做好一名真正的诗人艰难许多。后者只需要对自己负责，写出自己的真情实感便好；前者正如演员，每一次创作都意味着要扮演好某一种角色，还要懂得察言观色的本领，要在最恰当的时机拿出最合宜的作品，以讨到皇帝的欢心为成功的唯一标志。这样的工作，即便对于许多天生的奴才，也不是轻易就能胜任的。

无论写诗还是做官，沈佺期和宋之问一样都是不甘人后的角色，而御用诗人的位置也确实给了他们一个绝佳的竞技舞台。

2

唐中宗曾经举办过一次诗歌比赛，派当时第一才女上官婉儿担任总裁判官。传说上官婉儿的母亲在怀孕时梦见仙人降临，将一杆秤交到她的手里，说这杆秤可以称量天下人的才华。传说固然无稽，但这样的传说能够流传开来，自然说明了上官婉儿在天下文人心中的地位。

盛况空前，大臣们纷纷写诗应制。这样的诗歌实在难写，现实主义风格首先是要不得的，谁也不敢在这种场合里针砭时弊，描绘民生疾苦；批判现实主义当然更要不得，浪漫主义似乎也不合适，而一切顾影自怜的小情小调也分明显得自恋过度，稍不小心还会被误认为是在埋怨陛下使自己怀才不遇。筛来选去，唯一适宜的写作风格就是"魔幻现实主义"——尽情地歌功颂德、粉饰太平好了。

这当然是稍有节操的人都不愿做的，至多敷衍一下罢了。谁都晓得，真正不肯以敷衍的态度来应付这种竞赛的，一定就是宋之问那样的人。宋之问却偏偏遇到了对头：沈佺期不但才华不在自己之下，操守也不比自己高尚多少。

3

上官婉儿站在楼上，居高临下地审阅诗稿，凡是看不上眼的便直接丢向楼下。

能让见多识广的上官婉儿看上眼的诗歌，当然少之又少，诗卷不断从楼头纷飞而下，宛如雪片。不多时，未被抛下的便只剩宋之问和沈佺期两人的诗卷。

虽然俗话说"文无第一",但只要有了裁判,终究可以分出优劣。上官婉儿斟酌了一些时候,终于果断抛下了沈佺期的诗卷,然后总结道:"沈、宋二人的诗歌不分伯仲,但细细品味之下,沈佺期的结语是'微臣雕朽质,羞睹豫章材',文气到此已尽;而宋之问的结句是'不愁明月尽,自有夜珠来',言尽而意未尽,袅袅尚有余音。"作为文学评论而言,上官婉儿这番话即便在今天来看也是相当公允且极有见地的。

诗文不尽如其人,其实以个人性情而论,宋之问做事奸诈狠毒,每每不遗余力,不留余地,所以一生大起大落,最后落得被诏令自尽的下场;沈佺期却温和许多,虽然也和宋之问一样贪赃受贿,为非作歹,也一样因为政治上站错了队而饱受牢狱之苦,但最终还是挨了过来,还是看到了宋之问不曾看到的那一片晚霞。

4

律体诗是到了沈佺期和宋之问的手上才正式成形的,所以,即便在以因人废文为正统观念的古代,人们也不得不承认这两个卑鄙小人的经典地位。

其实沈佺期、宋之问之所以精研诗歌的音律、对仗，其动机既不高尚，亦不高雅，只是作为御用诗人，没办法在内容上出新，便只好在形式上出新。一首歌功颂德、粉饰太平的诗歌，无论再怎么写，境界终归低下，唯一的弥补办法就是极尽雕琢之能事，使诗歌的形式美完全压倒内容美——换句话说，要把萝卜卖出高价，就只能把萝卜雕刻成花，衬以金箔，盛在精美的瓷碟里，配上贵族气的银质餐具。

龌龊的动机，加上货真价实的才华，终于成就出律体诗这种极尽形式美的新诗体。在沈、宋之前，诗歌的形式相当朴拙，几乎是五言诗的天下，其典范就是苏武、李陵的作品以及《古诗十九首》。后来七言诗渐渐兴起，音律、对仗的规范也越发复杂和严格起来。如果没有沈佺期、宋之问对律体诗华美形式的发展与整合，我们恐怕就读不到杜甫的"无边落木萧萧下，不尽长江滚滚来"以及李商隐的"春蚕到死丝方尽，蜡炬成灰泪始干"这样精美的诗句。

作为奠基者，沈佺期的七言律诗写得当然不如杜甫、李商隐那般出色，不过倒也能够从中欣赏到蝴蝶刚刚破茧而出，美丽而稚嫩的模样。

5

沈佺期最著名的七言诗,当属《独不见》。

《独不见》是乐府旧题,题下多写相思而不得相见的内容。沈佺期所写的,正是闺中妻子对戍守边疆的丈夫的一片相思:

> 卢家少妇郁金堂,海燕双栖玳瑁梁。
> 九月寒砧催木叶,十年征戍忆辽阳。
> 白狼河北音书断,丹凤城南秋夜长。
> 谁谓含愁独不见,更教明月照流黄。

华美的宅院里,一位美丽的少妇正在独自忧伤。她看到燕子成双归来,在梁上筑巢而居,不由想到自己独守空闺,不知还要等到何年何月才能和爱人团聚。九月秋风萧瑟,黄叶纷纷吹落,眼看着就要进入严冬了,而丈夫戍卫了十年的北方辽阳不知道该有多么寒冷呢。悬隔千里,音信不通,再浓的思念也没法写信让他知晓,只有独守这漫漫长夜,在无眠中艰难地苦挨时间。这愁绪难道只有自己来消受吗,看那明月照在空床的流苏上,仿佛在宽慰着这份忧伤。

这样的诗,已经是地地道道的律体了。飘风起于青萍之末,对于盛唐以后律体诗的滚滚洪流而言,这样的一首《独不见》,正是那一点被人忽略了的青萍之末。

◇沈佺期名字考

　　沈佺期，字云卿。"佺"只有唯一的义项，而且并无实义，是传说中一位叫偓佺的仙人的名字。仙人自在云端，所以沈佺期字云卿，名与字交相呼应，表示其人有仙姿且有修仙之望，这是唐代道风盛行的印记。然而，沈佺期终其一生，从未超凡脱俗，始终在名利场上摸爬滚打。

云霞出海曙,
梅柳渡江春。

大唐诗人往事
THE PAST
OF TANG DYNASTY
POETS

关键词

狂傲

杜审言·大唐自恋第一

1

杜审言是杜甫的祖父。杜甫年轻时很喜欢摆一摆祖父的名头，以自己是杜审言的孙子而自傲，然而后世提起杜审言，就必须反过来要摆一摆他是杜甫的祖父了。

杜甫曾经讲过一句口气很大的话："诗是吾家事。"这话倒也并不全错，以杜审言当时的诗歌名望，也勉强当得起这句豪言。当然，杜甫的这份狂妄也是有遗传的，他的诗名虽然远远盖过乃祖，论狂妄，却输了一大截。

我们已经见识过王勃、杨炯等人如何张狂放诞、恃才傲物，但比起杜审言来，王勃、杨炯他们简直就是谦谦君子了。杜审言究竟有多么狂妄，史籍里实在不乏佳例。

在苏味道担任天官侍郎（主管官员任免）的时候，杜审言有一次参加官员的预选试判，在出来之后对旁人说："苏味道必死！"听者大为震惊，忙问缘故，杜审言从容答道："待他读到我的判词，定会羞愧而死。"这是自以为文章绝代，连上级长官都不放在眼里。

杜甫有诗"语不惊人死不休"，这话也完全适合用在他的祖父身上。杜审言从来大话连篇，以无比真诚的态度对自己的才华大吹牛皮。他还说过，我的文章可以使屈原、宋玉当手下，我的书法可以使王羲之当学生。

这份狂妄当真不死不休。都说人之将死其言也善，杜审言临终时的"善言"简直令人哭笑不得。当时宋之问、武平一来病榻之前探望，杜审言对二人语重心长地叮嘱说："我受尽造化小儿的折磨，也没什么可说的。只是在我活着的时候，你们永远也出不了头，现在我快要死了，最遗憾的就是找不到能够接替我的人啊。"

2

自恋虽然令人厌恶，其实却是一种生存优势，是亿万年的进化过程中存活下来的优质基因。而这样的基因，其实根植在我们每一个人的灵魂深处，只是表现程度有别罢了。俗谚说"人贵有自知之明"，之所以"贵"，实在是物以稀为贵呀。

所以自恋的人在我们的生活中简直无所不在，夸张一点来说的话，我们简直就生活在自恋者的海洋里。喜欢玩自拍，喜欢在微博上郑重发布自己每一天吃喝拉撒的琐事，这些常见的行为都是典型的自恋表现。从心理学的角度来看，自恋，只要不是过分到令人发指的地步，并不是什么坏事，反而对年轻人的身心成长有益处。所以，倘若你系统地学过心理学，了解到我们恋的只是一种自欺欺人的幻象，那么你的理智就会自然而然地提醒你将自我评价适度降低一些。

当然，究竟降低多少才合适，这个分寸实在太难把握，所以很多人出于对丢脸的恐惧，会表现出过度的自我贬抑的倾向。那么我们不难想象，一个在生活中很会自欺欺人、自我感觉良好、自信爆棚的人，和一个对自己有十足清醒的认识，只表现出适度的信心的人，或者和一个自我贬抑过度的人，谁会生活得更愉快呢？如果这两个人竞争同一个工作岗位，谁的成功概率更高呢？

杜审言就是自恋情绪的受益者，他这一生中所积极把握住的一些重要机遇真的是审慎而自谦的人完全把握不住的。然而事情总有两面性，自恋过度当然也会招人厌憎，很容易就会被同僚排挤。杜审言的确被严重排挤过，还险些因此丢了性命。

3

武后圣历元年，杜审言被贬为吉州司户参军。这一点点仕途波折并没有使他改变性情，变成一个老成持重的人。他继续得罪人，让人恨不得送他去死。

杜审言这次得罪的，是吉州当地的同僚郭若讷和长官周季重。两人真把杜审言恨到咬牙切齿的地步，以至合谋诬陷，将可怜又可恨的杜审言定为死罪。

天道总不按人情常理出牌，狂妄之人却有孝顺的子弟。杜审言的儿子杜并在衣袖里藏好利刃，潜入官府，当场刺杀周季重。行刺得手，杜并也被卫士击杀，时年仅仅十三岁。周季重弥留之际，其言也善："杜审言有孝子，我竟不知，是郭若讷害了我啊！"

这件事震动朝野，杜审言因为儿子的缘故获得了最广泛的同情。文学名家苏颋深深感于杜并的孝义，亲手为他撰写墓志铭。杜并之死感动了所有的人，却偏偏没能感动到杜审言。丧子之痛才过，杜审言便一如既往地争夺官位、傲视群伦，仿佛一切都没有发生过，这真是很多人哪怕读了再多的心灵鸡汤也修炼不出的精神境界啊。

《庄子》中有一则故事，是说魏国有一个叫东门吴的人，儿子死了却不难过。相国非常不解："您对儿子的爱堪称天下第一，但如今儿子死了，您却一点都不难过，这是为什么呢？"东门吴说："以前我没有儿子的时候没觉得难过，如今儿子死了，岂不是和当初没儿子的时候一样吗，我有什么可难过的！"我一直认为这样的境界在现实生活中无人可以达到，但如果一定要选一个现实例子，还会有谁比杜审言更合适呢？

4

杜审言擅长五言诗，作品中的绝大部分都是为仕途服务的，不是应制诗，就是酬答诗。换言之，杜审言的诗歌创作只有两个目的：要么是给皇帝拍马屁，要么是和同僚拉关系。好在酬答诗里也

有佳作,最著名者就是那首《和晋陵陆丞早春游望》:

> 独有宦游人,偏惊物候新。
> 云霞出海曙,梅柳渡江春。
> 淑气催黄鸟,晴光转绿苹。
> 忽闻歌古调,归思欲沾巾。

晋陵就是今天的江苏常州,唐代属江南东道。陆丞,名字已不可考,只知姓陆,时任晋陵县丞。当时杜审言任职江阴县,毗邻晋陵,僚友之间彼此唱和,陆县丞写了一首《早春游望》,杜审言以此诗相和。

这首诗的大意是说:官场中人屡经调任,不由自主。自己远赴江南任职,对这里的风土人情颇为惊异。早春时节,云霞出海,梅柳发动生机,黄鸟在春风中婉转啼鸣,浮萍在春光中生出绿意。这样的景色本该令人赏心悦目,却忽然间听闻友人古雅的诗篇,油然生起乡愁,潸然泪下。

诗虽然写得感人,但官场上的乡愁很少是真正的乡愁。如果真的起了乡愁,为何不学晋人张翰那样,念着家乡莼菰、鲈鱼的美味,毅然挂冠而去?能在名利场上吃得开的人,心肠一定硬些。

◇杜审言名字考

杜审言,字必简。"必简"出自儒家经典《礼记·乐记》"大乐必易,大礼必简",这两句意思是音乐的至高境界一定是平易的,礼仪的至高境界一定是简朴的。杜审言的名与字所寄托的期望是谨言慎行,平易简朴。参照杜审言的一生事迹,这真是莫大的反讽。

年年岁岁花相似,岁岁年年人不同。

大唐诗人往事
THE PAST
OF TANG DYNASTY
POETS

关键词
不合时宜

刘希夷·
著作权的代价

1

刘希夷堪称生活多面手：仪表堂堂，多才多艺，可以谈笑风生，可以豪饮不醉，弹得一手好琵琶，写得一手好诗。更要紧的是，他在二十五岁那年就考中了进士科，家庭背景又好，有个大名鼎鼎的舅舅宋之问。

负责任地讲，刘希夷是所有怀春少女的梦中情人，是所有歌宴酒会里最受欢迎的客人，是所有同龄人羡慕嫉妒恨的青年俊彦，是所有长辈心仪女婿的第一人选。但是，刘希夷这辈子都不曾风光起来，原因只有一点：他是个不合时宜的人。

唐代极重诗歌，无论仕途、交游、爱情，优秀的诗才往往不仅是锦上添花的闲事，更是雪中送炭的必需品。刘希夷的确写得一手好诗，但不幸的是，他的诗歌风格过于古雅，大大有悖于流行风尚。

倘若采取跳脱出来的眼光，那么古雅也好，流行也罢，各有所长，并不能从体裁与风格上简单断定孰优孰劣，但现实生活并不采用这样的逻辑。在长裙流行的时候你偏偏爱穿T恤和牛仔裤，在网络语言流行的时候你偏偏爱写书面语，一个人力量再强，又怎么拗得过时代大势呢？正如律体诗我自己也可以写得不错，但只是闲来无事时自娱自乐罢了，倘若我想要因此获得社会的认可，就必然落到刘希夷的下场。我比刘希夷市侩一些，所以对抗时代大势这种事是从来不肯做的。

刘希夷坚守古雅诗风，瞧不上那些光鲜靓丽的流行腔调，时代自然也瞧不上他，于是这样一位青年俊彦只能在落落寡合里优游卒岁。

求仁得仁，诗人也不应对此有任何抱怨。

2

艺术水平的高低与作品的流行与否并没有直接的关系，一个时代的主流审美趣味才决定着一位诗人是当红还是寂寥。好在刘希夷性格开朗、不拘小节，对自己被主流诗坛边缘化并不介怀，照旧饮美酒，弹琵琶。

正因为刘希夷在诗坛的边缘地位，所以他写出来的佳句几乎都被舅舅宋之问窃夺了去。刘希夷虽然保住了自己的著作权，却付出了生命的代价。这样的交易，不知道有几个人会觉得划算？

《白头吟》，又名《代悲白头翁》，是刘希夷最为流传的作品。这首诗的创作过程有点灵异：当刘希夷写出"今年花落颜色改，明年花开复谁在"之后，感叹这两句是不祥的谶语，匆匆将之删掉，但当他随后又吟出"年年岁岁花相似，岁岁年年人不同"的时候，发觉仍是不祥的句子，于是感慨道："死生有命，难道这些虚言就可以定人生死吗？"便将这两联一起保留了下来。

刘希夷的舅舅宋之问也是一个有名的诗人，对"年年岁岁花相似，岁岁年年人不同"这两句诗爱不释手。宋之问知道刘希夷还不曾把这两句诗告诉别人，便大言不惭地请他割爱。大约是因为深谙舅舅的人品，刘希夷竟然答应了下来，但宋之问还没有得意多久，却发现这个貌似温顺的外甥竟然"厚颜无耻地"照原样公布了新作！无人知晓其中的原委，也许是刘希夷醉酒忘事所致吧。怒不可遏之下，宋之问派家丁用土囊压死了这个出尔反尔、险些让自己难堪的外甥。刘希夷死时还不到而立之年，果然应了诗谶。

有人怀疑过这则故事的真实性，毕竟宋之问臭名昭著，以至人们很乐于将无主的丑闻编派到他的头上。无论此事是真是假，出于对宋之问品行的了解，只要有人说这件事是他做的，大家就不会再怀疑什么。而刘希夷，这位过早陨落的诗才，也终于因为这则悲伤的故事得到了人们的同情和关注——当然，关注才是最重要的——人们发现这首古雅风格的诗歌竟然也很精彩，魅力不逊于时下的流行篇章。刘希夷泉下有知，或许也会因此而欣慰一二吧。

3

世界上没有两片完全一样的树叶，当然也没有两朵完全一样的花。

假如我是一朵花，我一定会发觉每一朵花都有独特的相貌，我会用不同的名字来称呼它们，绝对不会搞混，而人类反而长得都差不多。在一朵花看来，其实是"年年岁岁人相似，岁岁年年花不同"。

所以，刘希夷会觉得"年年岁岁花相似，岁岁年年人不同"，其实只是某种认知结构所致。越是陌生的东西，我们分辨起来就越是困难。年纪稍大的读者都会有这样的记忆：二三十年前，在国内能见到的西方人简直称得上凤毛麟角，那时候人们常有这样的感觉：外国人长得都差不多。而随着我们接触到的西方人越来越多，看过的西方电影越来越多，我们才渐渐能够分辨出这个人和那个人了。

当然，如此以心理学的角度解释诗歌，多少有点焚琴煮鹤的感觉。在诗人眼里，花朵是自然界的缩影，自然界永恒不变，反衬出人生的短促、青春的易逝。我们常常以为中国哲学的核心就是天人合一，然而在诗人的眼里，天与人往往是二元对立的：岁月改变不了天地万物，却忙不迭给人的额头增添皱纹，所以诗人们常有"物是人非"的唏嘘。

刘希夷这首诗，也是围绕"物是人非"这个大主题。倘若真的以天人合一的眼光来看，人类也无非是自然界里的一分子，随着四季的更迭生老病死，其生命的长度与丰富性，哪里是一朵花儿能够相比的呢？所以诗人感叹"年年岁岁花相似，岁岁年年人不同"，归根结底无非是把自己看得太重了而已，这才是一种最为本质的自恋。

而这样的自恋，我们每个人都有。

◇刘希夷名字考

刘希夷，字庭芝（也作廷芝）。"希夷"出自《老子》"视之不见名曰夷，听之不闻名曰希"，指一种玄而又玄的微妙境界，这样的名字正是受唐代盛行道教风气影响所致。"庭芝"出自《世说新语·言语》：谢安有一次问子侄们说："子侄们又何须过问政事，人们为什么都想将子侄培养成优秀人才呢？"大家都不说话，只有谢玄答道："这就好比芝兰玉树，人们都希望它们能生长在自家庭院里啊。"

前不见古人，
后不见来者。

大唐诗人往事
THE PAST
OF TANG DYNASTY
POETS

关键词

折节读书、伯玉摔琴

陈子昂·富二代的生命悲歌

1

陈子昂是个不折不扣的富二代,一个真正值得底层青年付出同情的富二代。

陈子昂年轻时具备了败家子的一切特征:不读书,整天斗鸡走狗,聚饮赌博,为兄弟仗义撑腰。如果在唐代就有吸毒这回事,以陈子昂的一贯做派,成为瘾君子那是板上钉钉的事情。

但命运就是这样让人捉摸不透,某一日陈子昂忽然在乡校里被某种神秘因素所触动,从此折节读书,仿佛变了一个人。这般经历,简直可与王阳明的龙场悟道相媲美了。

脱胎换骨的陈子昂埋头在故纸堆里,读的却不是儒家经典,而是黄老道家的学问。他对儒典只喜爱《周易》,对《周易》又只对其中玄妙的占卜技术感兴趣,并不像标准的儒生那样钻研易学深处的哲学道理。当然,既然有足够的家底可以挥霍无度,倒也不必对科举考试的指定教材钻研什么,功名利禄是凡夫俗子的成功梦,在大丈夫面前只是微不足道的过眼云烟罢了。

富二代一旦胸怀大志,便不把平凡功名放在眼里。俗语所谓"千里求官只为财",陈子昂本已家财万贯,哪里还需要靠做官来求财?况且他自幼过惯了奢华日子,玉佩、玛瑙不过是他手间摆弄的小小玩具,"葡萄美酒夜光杯"不过是他家的寻常饭局,久而久之,对钱就看得淡了,反比那些清寒的隐士高人来得洒脱。

大丈夫满腹经纶,达则兼济天下,哪里屑于做求田问舍的土财主呢!

2

陈子昂虽然家财万贯,却是真正的土财主出身,有钱而无势,在朝廷里没有过硬的人脉。如果陈子昂只想做一名富家翁而终老,当然可以轻松得令所有人艳羡,但当他饱读诗书,胸中激扬起治国平天下的壮志豪情之后,要想迈入仕途且出人头地,就不那么容易了。

于是,陈子昂也如一切出身或贫或富的有志青年一样,到京城长安寻找机会。

然而富二代的日子过惯了,总也拉不下脸来求人。"朝扣富儿门,暮随肥马尘"的屈辱日子,杜甫过得来,寒门士子过得来,富二代却过不来。无奈世道就是如此这般,你若过不来,就攀不上人脉,完不成你的志向。

好在陈子昂够聪明,想通了扬长避短的道理:自己的劣势是什么——是拉不下脸来走门路;自己的长处是什么——是有大把的钱财可以抛撒。思路一旦豁然开朗,陈子昂迅速把握时机,策划了一场堪称完美的自我炒作。

即便放在今天这个炒作泛滥成灾的时代来看,陈子昂的此次炒作仍然不失为一个值得写入教科书的经典案例。

当时的长安城里恰恰出现了一件新鲜事:一位老者兜售一把胡琴,索价三千万钱。这是何等天价,以至即便是梨园名优、达官显贵,连坐地还钱的想法都没有了。这把胡琴究竟值不值这么多钱,老人说识货者自然识得,然而日复一日,始终有价无市。

胡琴虽卖不出,人们的兴致却被吊得越来越高。街谈巷议,都在期待着真能有一位识货之人从天而降,给大家一个天大的惊喜。终于有一天,万众期待的识货者真的从天而降了。陈子昂,一个籍籍无名的外地青年,出手比京城里的王公贵族还要豪阔,一点没有讨价还价,利索地买下了那把胡琴,转而对面露惊异之色的围观者说:"本人擅长演奏胡琴,请各位广而告之,某月某日,我将在某处以这把胡琴演奏惊世骇俗的乐曲。"

3

这件事堪称长安当天的头版头条,待到了约定演奏的时间,现场早已经人潮涌动。千呼万唤始出来,陈子昂将那把万众瞩目的胡琴举过头顶,在所有人还未来得及做出反应之时,一把砸得粉碎。

在一片愕然的短暂沉默里,陈子昂显示出他作为演说家的才华:"我陈子昂饱读诗书,满腹经纶,来到帝都长安寻求英雄用武之地,却没想到处处受人冷遇,更没想到一把胡琴、一点演奏胡琴的雕虫小技会受到如此之瞩目。胡琴不过是个小玩意儿,琴技不过是艺人用以娱人的手段,哪值得被如许关注呢!今日借摔琴之机请大家读一读我的诗歌、文章,这才是我真正的目的!"

说罢,陈子昂拿出早已备好的诗文抄本,分发给在场众人。

就这样,陈子昂的名声一日之间传遍长安,而他的诗文也果真没有辜负他的自负,没有辜负他煞费苦心的这一番自我炒作。后世诗文里"伯玉摔琴"的典故,说的就是这一段故事。

4

摔琴事件给了陈子昂难得的晋身之阶,却并不能保障他在仕途上一帆风顺。陈子昂仁侠仗义的做派并没有为官场规则收敛一二,稍不经心便得罪了炙手可热的权臣武三思。

俗话说"宁得罪君子,不得罪小人",武三思恰恰是一个彻头彻尾的小人,而他手中的权力就是他用卑鄙换来的。以陈子昂的政治资历,得罪了武三思,其下场毫无悬念。

屋漏偏逢连日雨,这般残酷的命运规则对于富二代也没有例外。

武则天圣历初年，陈子昂解职回乡，适逢父亲去世，于是建庐守孝，按照儒家的规矩要守满三年之丧（所谓三年，实为二十五个月，即时间跨到第三年即可）。守丧期间，诸事不宜，但树欲静而风不止，县令段简早就觊觎陈家的财产，背后又得到武三思的指示，准备对毫无防范的陈子昂下一次狠手了。

陈家虽然家大业大，陈子昂也曾担任公职，但毕竟只是土财主出身，并不曾真正挤入官场上那个盘根错节的关系网。虽然财富方面可以傲视平民，但在权力面前却始终脆弱得不堪一击。更何况县官不如现管，段县令要想拿陈子昂开刀，陈子昂竟然毫无还手之力。

5

官员要整垮富户，实在是一件轻而易举的事情。没费多大气力，段县令就胡乱捏造了一个罪名，将孝服在身的陈子昂逮捕下狱，暗示他应当晓得破财免灾的人生真谛。

陈子昂倒也破得起财，无奈人类对收获的满意程度并不和收获量本身有关，而是和自己对收获量的期待息息相关。段县令对这场官司的期待值太高，所以无论陈子昂拿出多少钱来，他总觉得意犹未尽。

人在无计可施之下都会抓住最后的救命稻草：求神问卜。已经到了生死攸关之际，陈子昂只有施展出曾经从《周易》中苦学得来的占卜本领，在狱中给自己卜了一卦，而卦辞不禁使他惊呼："上天抛弃了我啊，我死定了！"

其实在后人看来，《周易》未必有百分百命中的预言本领，就算《周易》预言极准，陈子昂的占卜技术也未必过关。如果陈子昂不那么"迷信"，而是积极求生，也许可以在散尽家财、饱受折辱之后保全性命。但在当时当地，一向自信满满的陈子昂除了对《周易》充满信心，对自己的占卜技术也同样充满信心。既然卦辞说自己要死，自己就一定要死了！

一卦算完，陈子昂彻底失去了求生意志，只是静静等待命运之神给自己最后一刀。这倒苦了段县令，因为对一个一心等死的人实在很难榨出更多的油水。既然再也榨不出油水，索性由着陈子昂去死好了。

陈子昂果然死在狱中，不幸地应了自己的卦辞，时年仅仅四十三岁。

6

在陈子昂的时代，诗坛仍然不脱六朝绮靡的余风，但人们的趣味正在悄然发生着改变。陈子昂可以说正是在这个诗风的转捩点上应运而生。他创作出《感遇》三十首之后，当时的文化名流王适读之大惊："这位先生将来一定是文坛宗主。"陈子昂的声誉因此而大增，很多人开始追慕、模仿他的风格。

陈子昂只写雅致古朴而缺乏声律变化的古体诗，后来李白就是继承了陈子昂的这条路线。唐代诗人大多喜欢新兴的近体诗（律体诗），陈子昂和李白是专攻古体诗的诗人中最耀眼的两个。

陈子昂最为传世的作品当属《登幽州台歌》：

前不见古人，后不见来者。
念天地之悠悠，独怆然而涕下。

幽州台即蓟北楼，遗址在今天的北京境内。诗中道出的悲怆并不像看上去的那样只是泛泛的人生感发，而是有时代与人生的具体背景：武则天万岁通天元年，武攸宜挂帅讨伐契丹，陈子昂担任随军参谋。这是一个官二代领导富二代的组合，也是一个外行领导内行的组合。武攸宜在屡战屡败中越发固执己见，这是人类为了维持颜面产生的共通心理，而陈子昂一辈子潇洒惯了，从没学会看别人的脸色，所以武攸宜越败，他劝谏得越是恳切。

这两个固执的人都没有从自己的固执当中获得好处，于是事情的结果是：武攸宜终于一败涂地，陈子昂则被武攸宜以讳疾忌医的精神贬为下级军曹。富二代比常人更受不得委屈，陈子昂登蓟北楼远眺纾怀，于是写下了这首传诵千载的《登幽州台歌》。

诗歌虽然有着如此这般的创作背景，而一旦流传开来，也就脱离作者而独立存在了。人们读起这首诗，往往想不到武攸宜挂帅的那一段具体史事，只觉得一种千古苍茫之感扑面而来。能够超越具体时空的诗，才是真正的好诗。

大唐诗人往事

THE PAST
OF TANG DYNASTY
POETS

人生代代无穷已,
江月年年只相似。

关键词
春江花月夜

张若虚·
孤篇压全唐

1

之前介绍过的那些诗人，性情里或多或少都有几分张狂自负，讨厌归讨厌，却也符合人们对诗人的刻板印象。在我们的刻板印象里，诗人之所以成其为诗人，小小的身躯里一定蕴藏着磅礴的生命力，只要找到哪怕再微茫渺小的出口，都会汪洋恣地喷薄出来。

和这样的人相处起来铁定不愉快，谁看得惯他们那副自恋到底的嘴脸？但我们又不得不承认，诗人必定该是这样，他们既不可能成为朝九晚五、循规蹈矩的上班族，也不可能低调做人、踏实做事。总而言之，他们忍受不了琐碎生活中的巨大寂寞，必得发疯闹事才痛快。

张若虚是个例外。通观全唐，恐怕再也找不出一个比他更低调的诗人。

张若虚低调到如此程度，以至我们遍翻史料只能找到一两句对他生平事迹的概述。

2

我们仅仅知道张若虚是扬州人，任过兖州兵曹这样一个微不足道的公职，与贺知章、张旭、包融齐名，合称"吴中四士"。

在"吴中四士"里，除张若虚之外的另三人都是显赫一时的名家，他们有大把大把放诞不羁的事迹值得载入史册。而从不出格的张若虚，在这三位出格名人朋友的衬托下，简直像一个不曾真实存在过的人物。

人不张扬，连带他流传的诗歌也寥寥，《全唐诗》仅录二首。然而，就是这两首诗，帮助张若虚名垂千古。他的人生不需要浮夸的行为艺术，真正是凭着诗歌来一决胜负。

两首诗其中的一篇——《春江花月夜》，获得了"孤篇压全唐"的美誉。也就是说，在唐代这个以诗歌著称的时代，在唐人汗牛充栋的诗歌作品里，张若虚的《春江花月夜》有资格傲视群雄，排名第一。今天哪怕是入门级的诗歌爱好者，对张若虚这个名字，以及《春江花月夜》里的名句，都不会感到陌生。

3

《春江花月夜》是乐府旧题，据说是由陈后主所创。

陈后主是中国历史上最著名的几位荒淫无道的昏君之一，对政务全不上心，在声色犬马里摸爬滚打，他的一生就是对"玩物丧志"一词的完美诠释。

普通百姓玩物丧志，大多把生命消耗在酒馆和麻将馆里。层次稍高一点的人，就会提笼架鸟、斗鸡走狗。但这毕竟还只是低级趣味，而一个人的文化素养越高，低级趣味就越是难以让他的玩物之心得到满足。如果说有什么东西具有无限的可玩空间，足以使一个文化素养超高的人一辈子乐此不疲，那么唯一的选择就是艺术。

陈后主出身于帝王之家，接受的是真正意义上的贵族式教育，幸或不幸地被培养出了一流的艺术品位，而磅礴的生命力使他迅速沉浸在女色与音乐的世界里，从此左拥右抱，写诗谱曲，过着现代摇滚巨星一般的日子。

陈后主最著名的两项创作，一是《玉树后庭花》，一是《春江花月夜》，为后人开启了绮丽的想象之源。后来隋朝灭陈，隋炀帝却成了新一代的陈后主，继承后者衣钵，沉迷于文艺创作。文艺对百姓而言是奢侈，对帝王而言是诅咒。

4

隋炀帝也写过两首《春江花月夜》，篇幅相当短小，其中较出色的一首是"暮江平不动，春花满正开。流波将月去，潮水带星来。"诗歌评论家往往因人废言,因为厌恶这个与陈后主一般无二的昏庸末代帝王,连带着批评他的《春江花月夜》是短浅空洞的坏诗。

其实平心而论,这短短二十个字里,春、江、花、月、夜五者无一不写到,意象错杂却圆融无碍,境界也颇开阔,当真是一首不错的小品。不过,后代那些诗歌评论家之所以看不上它,除了上述缘故,也是因为在张若虚的同题作品的参照之下,任何一个稍稍具备审美趣味的读者都会迅速忘记隋炀帝到底写过什么。

张若虚的《春江花月夜》采用的是七言排律的形式:

> 春江潮水连海平,海上明月共潮生。
> 滟滟随波千万里,何处春江无月明。
> 江流宛转绕芳甸,月照花林皆似霰。
> 空里流霜不觉飞,汀上白沙看不见。
> 江天一色无纤尘,皎皎空中孤月轮。
> 江畔何人初见月,江月何年初照人。
> 人生代代无穷已,江月年年望相似。
> 不知江月待何人,但见长江送流水。
> 白云一片去悠悠,青枫浦上不胜愁。
> 谁家今夜扁舟子,何处相思明月楼。
> 可怜楼上月裴回,应照离人妆镜台。
> 玉户帘中卷不去,捣衣砧上拂还来。

此时相望不相闻，愿逐月华流照君。
鸿雁长飞光不度，鱼龙潜跃水成文。
昨夜闲潭梦落花，可怜春半不还家。
江水流春去欲尽，江潭落月复西斜。
斜月沉沉藏海雾，碣石潇湘无限路。
不知乘月几人归，落月摇情满江树。

这首诗音律铿锵，境界开阔，以思妇怀人的小伤悲导出了宇宙人生的大感慨。

我们之前已经见过刘希夷的"年年岁岁花相似，岁岁年年人不同"，对照张若虚的名句"人生代代无穷已，江月年年望相似"，就会在微妙的差异里见出高下。

刘希夷的诗句，以花的代谢对照人世代谢，乍看之下只觉得在年年永恒不变的繁华面前，人生多么仓促，亦多么局促，然而细细寻思，花的生命分明比人还要脆弱，这一联又怎么说得通呢？

而张若虚的诗句里，以明月的永恒对照人世的代谢，那明月分明永恒地照临人世，见过人世间的一切沧海桑田、生老病死，而当我们仰望明月，想到"今月曾经照古人"，而古人与往事皆已成陈迹时，顿觉生命如白驹过隙，在清冷的月光下照见自身的渺小，不禁悲从中来，不可断绝。长江流水，在身旁东流不息，提醒着我们"逝者如斯夫，不舍昼夜"，那逝去的不是江水，而是我们的历史、今天与未来，那是无穷无尽又无可奈何的悲凉。

风穿疏竹,风过而竹不留声;雁渡寒潭,雁去而潭不留影。人不是风,亦不是雁,来到世间,总想要在这个世界上留下自己的一点印记。卑下者在千年古迹上留名"到此一游",高贵者以绚烂的诗歌文章或道德功业留名史册,高下迥异,但同样源于人类基因里的共同本性。张若虚低调了一生,但这一首《春江花月夜》使他的生命高调地站上了唐人之巅。

这样的诗篇,对于人的一生而言,一首便已是极高调的奢华。

海上生明月，
天涯共此时。

大唐诗人往事
THE PAST
OF TANG DYNASTY
POETS

关键词
岭南第一人

张九龄·名相柔情

1

盛唐之世，最为家乡增光添彩的人非张九龄莫属。

张九龄是韶州曲江（今广东韶关）人，当时的两广一带是文化、经济极度落后的地区，被中原士人目为蛮荒瘴疠之地，当地人相应地被当作南蛮看待。一个"蛮"字，说尽了中原人对他们的鄙视。张九龄正是从这蛮荒之地走了出来，并在弱冠之间进士及第。

仅凭在进士科中取得胜利这一项，已足以光耀门楣、轰动家乡，张九龄却并未就此止步，而是在仕途上捷足登高，一直坐到一人之下、万人之上的宰相高位。两广之地出了一名宰相，这在当时足以被当成一件奇闻。

这位荒蛮之地走出来的当朝宰辅，不但没有一点乡村非主流的气息，反而有一番过人的神采风姿。自他去世之后，但凡再有人向唐玄宗推荐宰相人选，玄宗总要问一句说："这个人的风度可及得上张九龄吗？"

张九龄在政治上颇有过人的本领，其中最让时人，尤其是让后人佩服的就是他的识人之明。他总是能够在最短的时间里准确地判断出一个人的贤愚善恶，并且他还是第一个洞察出安禄山有不臣之心的人。后世文人论及这段历史，常常叹息说：如果唐玄宗能够始终如一地信任张九龄，那么就不会有安史之乱发生。

2

从史料的记载来看，剪除安禄山似乎可以说是张九龄毕生政治事业的一大重心所在。

最要紧的一件事情发生在唐玄宗开元二十四年，当时安禄山讨伐契丹失败，老帅张守珪奏请朝廷，要斩首安禄山以谢天下。张九龄作为当朝宰相，非常认真地批示了这封奏章，认为军令严明，安禄山非杀不可。

或许在私心上，张九龄并不认为这场败仗是坏事，倘若可以因为这场败仗除掉安禄山，那么一切损失都是值得的。更何况安禄山确实干犯军法，此刻杀他完全名正言顺。

然而自诩比张九龄更有识人之明的唐玄宗始终对安禄山心存偏爱，这一回更要展示帝王之大度以邀买人心。事后张九龄痛呼奈何，说张守珪当初在阵前就应该当机立断，马上将安禄山按律处斩。

其实平心而论，对于很多事情，尤其是久远的历史，我们很难分清因果关系。有时候不自觉地倒因为果，有时候又会不自觉地倒果为因。自张九龄之后，朝中大臣总觉得安禄山要反。李林甫说他要反，杨国忠也说他要反，在这样的舆论环境里，哪怕是一个毫无反心的人也不免要动一动造反的念头了。唐玄宗坚信"用人不疑，疑人不用"，但朝廷给安禄山发出的信号却不是这样，使安禄山不得不对自己的未来满怀焦虑。

3

史官从结果推理前因,要给历史找出逻辑一贯性的脉络,自然会赞赏张九龄敏锐的先见之明,但事情的因果关系究竟是怎样的?究竟是安禄山的反心被张九龄察觉了出来,还是张九龄点醒了安禄山的反心,我们永远都不会知道了。唯一可以从中学习到的是,在读史的时候,知人论世其实不难,而能够容许多种可能性在我们头脑中并存而不轻易下结论,才是最难也最需审慎的。

史家还有知人论世、因人废言的传统。杨国忠和李林甫是天下大奸,他们的意见不该有什么分量,所以这二人哪怕预言安禄山会反,人们也只会认为他们无非是嫉妒安禄山的权势而已;而张九龄是干国良臣,他预言安禄山会反,一定出于公心与明察。

张九龄的确是干国忠臣,他的一生堪称正直的一生,也正因为这份正直,自然会在与奸佞小人的斗争中落败下来。仕途上哪怕小小不言的职位都有无数人觊觎,更何况宰相这样的高位呢?人情世故如此,任何一个正人君子都注定无法久居高位,张九龄在相位争夺战中败给以奸险、善谀著称的李林甫,这虽然会勾起人们的愤懑不平,却完全是一个顺理成章的结果。

作为这一场权力斗争的当事人,张九龄当然也会有些愤懑不平。幸而这世界上还有诗歌,只要你会写诗,你就掌握了排忧解闷的一剂良方。林语堂说诗歌是中国人的宗教,正是从这个意义上来讲的。

4

今天的读者往往会过于关注诗歌的审美价值。我们会说张九龄的诗比不过李白、杜甫、李商隐、杜牧……这当然不错，但事情的另一面是，假如张九龄真的有李杜和小李杜的诗才，也没法或"不宜"写出与其诗才相称的诗歌。

原因只有一个：张九龄走的是最正统的文人入仕的道路，而在传统观念里，诗文不是文字游戏，而是用以载道的东西，所以诗歌不仅要与正统的士大夫人格相称，还必须与写诗者的地位相称。

夸张一点来形容，宰相大人写诗，必须端着架子来写。如果写成文青或愤青的腔调，那一定会滑天下之大稽，甚至被言官弹劾，还会被传为后世笑柄。

所以最妥当的写法，是要以冲和雅正的风格写一点黄钟大吕的调调。

应制诗当然要作，那是皇帝交代下来的任务，当然，与其说那是文学任务，不如说那是政治任务。应制诗可发挥的余地太小，因为必须歌功颂德、粉饰太平，必须露一点谄媚的嘴脸，而一旦有了些许的谄媚，诗歌便无足观。

个人抒情的作品要慎之又慎，既要避免"痛饮狂歌空度日，飞扬跋扈为谁雄"的狂放不羁，又要避免"梦为远别啼难唤，书被催成墨未浓"的小儿女态。所以张九龄那首最有名的《望月怀远》，确实堪称士大夫个人抒情的典范之作——诗中的深情厚谊和文学手法都不逊色于文青和愤青诗人的真诚创作，读起来却一点也不觉得有什么降格或失态：

> 海上生明月，天涯共此时。
> 情人怨遥夜，竟夕起相思。
> 灭烛怜光满，披衣觉露滋。
> 不堪盈手赠，还寝梦佳期。

诗人在一个月色撩人的夜晚思念远方的故人，当他看到明月从海面升起的时候，想到远在天涯海角的故人此刻应该也在望着同样一轮明月，同样升起对自己的思念吧。多情之人总会觉得夜晚过于漫长，因为思念的折磨使人久久无法入眠，而越是无眠，思念也就越发沉重。月轮皎洁，清光宜人，所以熄掉蜡烛，全心全意地沉浸在这月色里吧；披上衣服，走出寝室，感觉露水凝结时的清寒。想将这月光收藏起来，赠给远方的故人，手掌却握不住月光的半缕；徒然叹息，还是勉强自己去睡好了，也许在这一晚的梦中就可以和故人团聚呢。

这首诗在今天看来像是在写男女之情，诗句里难道不是直接道出了"情人"和"相思"的字眼吗?其实古人的诗歌传统里,"情人"也好,"相思"也罢,应用面远比今天为广,在同性朋友之间也完全可以用。

事实上,唐诗里大多数写到情人和相思的诗篇所抒发的都是友情而非爱情。只不过当诗歌脱离作者,跨越时空后,也就自然脱离了创作之时的具体语境,可以供读者无限地遐想与感怀了。

若将这首诗当作一首情歌来看,我们会觉得它更加优美,更加迷人。

◇张九龄名字考

张九龄,字子寿。"九"在古汉语里常常用作虚词,表示"极多"。清代学者汪中写过一篇考据性的文章,叫作《释三九》,辨明"三"和"九"这两个数字常常都是虚指。比如"三思而行"是指行动之前多想想,"三省吾身"是指一天之中多次自我反省。同样的道理,"虽九死其犹未悔"和"九牛一毛"中,"九"都是形容极多。"九龄"寓意长寿,配合"子寿"之字,相得益彰。

欲穷千里目，
更上一层楼。

大唐诗人往事
THE PAST
OF TANG DYNASTY
POETS

关键词

旗亭画壁

王之涣·流行歌曲竞赛的胜出者

1

王之涣的成长历程和陈子昂颇有几分相似，年轻时一样沉迷于击剑、打猎之类的"不良嗜好"，任侠仗义，放荡不羁，后来不知被什么触动了，突然洗心革面，折节读书了。

青年人无论做什么，他们总是希望能够彰显自己的力量，获得成人世界的认可，最好能够赢得万众瞩目，所以总会发掘自己的某些特点或特长以向世人炫耀。现代人在少年时期喜欢打扮得惊世骇俗，正是出于同样的心理动机。而王之涣是幸运的，他最新发掘出来的个人才华恰恰迎合了当时成人世界的流行风尚——剑术练得再好，打猎的本领再高，又能给自己赢得什么呢？我写诗竟然可以写到第一流的水平，让名人为我叹赏，让歌女为我传扬，这才是真正的风光！

在大唐盛世里，诗艺是一种很实用的社交本领，一个不会写诗的人注定会在社交圈里饱受排挤，而一个写得一手好诗的人可以轻轻松松呼朋唤友、行走四方。那是唐玄宗开元年间，诗人王昌龄、高适与王之涣齐名，三人常常一起游山玩水，醉酒谈诗，于是就出现了下面这则旗亭画壁的佳话。

2

酒楼又叫旗亭,酒楼为招揽生意,总是把绚丽夺目的酒旗伸出窗外,酒旗就相当于自家的广告牌,所以酒楼得到了"旗亭"这个雅号。不知是哪一天,三位诗人走进长安的一座酒楼,畅饮欢谈的时候,正巧梨园主管带着十几名弟子也来会饮。这可是皇帝御用的歌舞班子啊,三位诗人悄悄避开,在旁边偷看她们的歌舞。

诗,原是可以入乐歌唱的。唐代诗歌正处在一个和音乐将要分离却还没有完全分离的时代,后来从晚唐、五代直到宋朝,诗歌彻底和音乐分家,变成十足的语言艺术,而入乐歌唱的功能就由词这种新的文体来承担了。

开元年间,诗歌还经常被歌女传唱,而旗亭里悄悄躲藏的这三位诗人,他们的诗歌恰恰都是当时最有传唱度的。他们就是最具时尚气质的流行歌曲词作家。

皇帝御用的歌舞班子,代表着全国歌舞的最高品味。她们会唱些什么呢?会不会唱到自己的诗作呢?三个人都按捺不住狂热的期待,于是悄悄约定说:"我们都是诗坛名人,但一直不分高下,正好趁这个机会看看,她们唱谁的诗最多,谁就算第一。"

歌女们对这一切还懵然不觉,自顾自地在会饮之间切磋着歌艺。先有一名歌女站起来缓缓开口:"寒雨连江夜入吴,平明送客楚山孤。洛阳亲友如相问,一片冰心在玉壶。"王昌龄得意扬扬,在墙上画了一道痕迹说："这是我的诗。"

第二名歌女又开唱了："开箧泪沾臆，见君前日书。夜台今寂寞，犹是子云居。"高适喜形于色，在墙上画了一道说："这是我的诗。"

第三位歌女唱道："奉帚平明金殿开，强将团扇共徘徊。玉颜不及寒鸦色，犹带昭阳日影来。"王昌龄又伸手画壁："这还是我的诗。"唱了这许多，却一直没有唱到王之涣的诗。

3

王之涣自以为成名已久，见没人唱自己的诗，在诗友面前不觉有些气急，便对王昌龄和高适说道："刚才唱歌的这几名歌女一看就是潦倒乐官，只会唱一点下里巴人的小调，阳春白雪之作可不是这等庸俗脂粉胆敢接近的。"看来为了面子，王之涣真不怕得罪朋友。为了证实自己的理论，王之涣孤注一掷，指着歌女中最美的那个说道："咱们等着听她唱什么，如果她唱的不是我的诗，我一辈子不再敢与你们二位争胜；如果是我的诗，你们二位就该拜我为师。"

很快，轮到那名头上梳着双鬟的最美的女子歌唱，她檀口轻启，唱的正是王之涣的《凉州词》：

黄河远上白云间，一片孤城万仞山。

羌笛何须怨杨柳，春风不度玉门关。

王之涣果然靠这一局彻底翻盘，便即揶揄起王昌龄和高适来，得意忘形之下大笑出声，让歌女们惊觉到了有偷窥者的存在。三位诗人坦荡荡地现出行藏，道出方才的经过，欣然享受粉丝团对明星偶像的膜拜。在那样一个时代，诗人比艺人更容易成为明星。

4

其实流行文学大多只是一时的风尚，越是红极一时的作品，越是难以传为经典。王之涣在有生之年诗名赫赫，而流传为经典的也不过两三首绝句罢了。除了"黄河远上白云间"那首，最著名者当属《登鹳雀楼》：

白日依山尽，黄河入海流。

欲穷千里目，更上一层楼。

鹳雀楼旧址在山西蒲州，是唐代的登临胜地。据《梦溪笔谈》记载，唐人在鹳雀楼的登临之作只有三篇最能摹写其景，除王之涣这首《登鹳雀楼》之外，一是畅当的《登鹳雀楼》："迥临飞鸟上，高出世尘间。天势围平野，河流入断山。"一是李益的《同崔邠登鹳雀楼》："鹳雀楼西百尺樯，汀洲云树共茫茫。汉家箫鼓空流水，魏国山河半夕阳。事去千年犹恨速。愁来一日即为长。风烟并起思归望，远目非春亦自伤。"

后两首皆不如王之涣的作品知名，个中原因并不难寻。畅当的诗，通篇写景，景色之外再无更深层的意思，读完便读完，经不起咂摸。李益的诗，登临风景虽然开阔，意境却显得局促，有点小家子气。只有王之涣这一首，貌似仅仅平铺直叙地道出了登楼的事实，人生哲学的开阔意境却油然而生：要想摆脱生活中无数碎屑的抱怨与烦恼，不要去解决这些琐屑的事情本身，而应当提升自己的层次，要想迎接更阔大的人生，就必须登上更高的人生境界。

说哲理而不道破，犹如羚羊挂角，无迹可寻，这种浑然的境界即便对于第一流的诗人而言也总是可遇而不可求的。

◇王之涣名字考

　　王之涣，字季凌，名与字的含义皆与水有关。"涣"形容水势浩大，"凌"形容迅猛奔驰。字中的"季"字表示排行，古人行辈按顺序分为伯、仲、叔、季，"季"表示兄弟辈的末行，或者说是家里最小的孩子。

气蒸云梦泽,
波撼岳阳城。

大唐诗人往事
THE PAST
OF TANG DYNASTY
POETS

关键词

风流

孟浩然·
不尴不尬的
世外高人

1

"人不风流枉少年",这句话的含义是,风流就在少年人的天性里,成年世界不妨对他们的风流行径宽容一点;同时也不必担心少年人会一直风流到老,因为等他们岁数大起来,自然就会变得规矩沉稳了。人生百年,只有少年时代才有权利小小地风流一下,哪怕只是为将来留一点快乐的记忆也是好的。

我们在前文里已经见识过的王勃、杨炯等,都堪称少年风流的典范,但是,唐人公认的第一风流客,却是孟浩然这个老头子。眼高于顶的诗仙李白对孟浩然很是仰慕,写过一首《赠孟浩然》,开篇便是"吾爱孟夫子,风流天下闻。红颜弃轩冕,白首卧松云。"这是夸赞孟浩然的风流天下知名,他在年轻时便超然物外,对仕途毫不挂心,等到了白发苍苍的年纪,悠然归隐田园,与旧松、白云为邻,这是何等的潇洒。

李白为人耿直,所以我们不必怀疑这样的吹捧是不是发自肺腑,只不过这真的有点让孟浩然下不来台。倘若孟浩然可以不顾脸面地向李白吐露真情,他一定会说:"要是能有官做,谁耐烦忍受这种隐居的生活呢!"

孟浩然永远是一副世外高人的做派,以此来掩饰自己仕途的不得意。其实他在仕途上并不缺乏机会,只是造化弄人,又或者他把清高演得太逼真,所以机会总是一次次浩荡而来,又一次次无声溜走。他终于发觉自己在权力和财富上注定无法比过别人，便也只有在道德修养上做文章了。

2

孟浩然隐居在襄阳鹿门山，有时候还是会来到京城长安，在这个名利场的核心参加一下士大夫们的文化娱乐活动。有一场秘书省的联句活动正是因为有了孟浩然的参加而名垂青史，尽管当时名士如云，但所有人的存在仿佛都是为了给孟浩然做衬托。

所谓联句，就是大家就一个主题、一个韵脚，集体创作一首诗，按顺序每人一句或两句，最为大家熟悉的联句应该就来自《红楼梦》里海棠诗社搞的活动，"寒塘渡鹤影，冷月葬花魂"云云，诗越联越长，蔚为壮观。

但孟浩然参加的这次联句却半途而废了，原因是当轮到孟浩然的时候，他吟出了一联"微云淡河汉，疏雨滴梧桐"。此联一出，震惊四座，不但将前面的联句一并压倒，也使后来者望而生畏。与会者虽然都是名士，都是以诗文成名的高手，却也晓得无论自己再写什么，在孟浩然这一联后面只能是狗尾续貂，出不来半点光彩。于是联句活动就此作罢，孟浩然的文名也因此而更加响亮了。

"微云淡河汉，疏雨滴梧桐"，这一联从此成为绝响，也等于给后世文人出了一道难题，看谁有本领为它续成全篇。于是历朝历代，解题者都不在少数，但遗憾的是，每一个"全璧"里的所有句子，就像宋之问在灵隐寺偶遇骆宾王的那则故事里一样，怎么看怎么配不上那警策的一联。

3

五言诗里能和"微云淡河汉，疏雨滴梧桐"相媲美的警句着实不多，这两句将沉静的意境写到了极致。孟浩然还有一联警句，是将开阔的意境写到极致，即"气蒸云梦泽，波撼岳阳城"。但不幸的是，这一联虽然不是断章，却与前者的命运相似：全诗其他句子都无力与之匹配。这样的情形，古人称之为"有句而无篇"。

"气蒸云梦泽，波撼岳阳城"，出自《望洞庭湖赠张丞相》：

> 八月湖水平，涵虚混太清。
> 气蒸云梦泽，波撼岳阳城。
> 欲济无舟楫，端居耻圣明。
> 坐观垂钓者，徒有羡鱼情。

唐玄宗开元二十一年，孟浩然远游长安，以这首诗投赠宰相张九龄，诗题中的"张丞相"即前文介绍过的张九龄。这首诗前四句纯写洞庭湖的景色，气象阔大，后无来者。然而接下来做了一个很庸俗的转折，意思是说：我想渡过这洞庭湖啊，可惜没有渡船，正如在这个圣明的时代，没有人引荐我出去做官，我只有羡慕别人的份啊！

这样一讲，彻底毁了一首好诗，但描写洞庭湖的那一联无论如何都堪称千古壮观，既是写景的第一等笔法，亦大见盛唐气象。

关于这一名联，还有一则有趣的故事：王维在皇宫待诏时曾经偷偷地邀请孟浩然进来切磋诗艺，没想到唐玄宗突然驾到，王维慌忙之中将孟浩然藏于床下，但见到玄宗之后又不敢隐瞒。玄宗并未责怪王维，还说自己一向听说过孟浩然的名望，今天正好一见。孟浩然出来拜见玄宗，承旨吟诵自己的新作，当吟到"不才明主弃，多病故人疏"的时候，玄宗不悦道："是你自己不求做官，我何曾抛弃过你！你为何不吟'气蒸云梦泽，波撼岳阳城'呢！"

看来孟浩然在遇到做官机会的时候过于情急，不自觉地就吟出了那般穷形尽相的诗句，自然也就暴露了穷形尽相的嘴脸。倘使当时他摆出风流姿态，吟咏"气蒸云梦泽，波撼岳阳城"，很可能真就如愿以偿了呢。

"不才明主弃，多病故人疏"，是说因为自己缺乏才华，所以圣明的君主一直没有给自己官做，而因为自己多病，朋友们也渐渐疏远他了。诗句虽然自谦不才，其实还是想让明主知道自己并不是真的不才。拿出这样的诗句，简直与伸手讨官做无异了。

后人也觉得这两句诗太过小家子气，不免拿来取笑。有人还将诗句颠倒了两处，并且运用了一番谐音，拿来讥讽庸医："不明财主弃，多故病人疏。"意思是说：不知道财主为何抛弃了自己，原来是因为自己治死的人太多，病人都不敢再来看病了。

4

孟浩然是五言诗的名家。五言诗的出现比七言诗更早，所以在古人看来，五言诗更加古朴，或者说更有古雅之风。所以诗人创作，喜欢华丽风格的就常写七言诗，比如李商隐、杜牧；喜欢古雅风格的就常写五言诗，孟浩然就是其中的绝顶高手。

五言诗的警句比起七言诗的警句来更加古朴、淡雅。清代文坛泰斗王世禛则举出过一些最受激赏的五言名句，除孟浩然的"微云淡河汉，疏雨滴梧桐"之外，还有王湾的"海日生残夜，江春入旧年"，柳文畅的"亭皋木叶下，陇首秋云飞"，马戴的"猿啼洞庭树，人在木兰舟"，王籍的"蝉噪林逾静，鸟鸣山更幽"，司空图的"曲塘春尽雨，方响夜深船"。王世禛认为，只要好好玩味以上这些诗句，就可悟五言三昧。

这话对于今天的诗歌爱好者而言是很有裨益的，切不可把五言诗写成七言诗的味道，否则稍不小心，就会显得不伦不类。孟浩然的作品，始终都是学写五言诗的范本。

◇**孟浩然名字考**

　　孟浩然，本名不详，浩然是他的字。"浩然"出自《孟子》"吾善养吾浩然之气"。儒家后来提倡的养气功夫，源头就在孟子的这句话里。与孟浩然几乎同时代的还有一位隐士诗人卢鸿，字也是浩然。如果为浩然的意境选一种形象标识，鸿雁确实再合适不过了。

大唐诗人往事
THE PAST
OF TANG DYNASTY
POETS

昔人已乘黄鹤去,
此地空余黄鹤楼。

关键词

轻薄、转型

崔颢·酒色财气里的人生转型

1

唐代大诗人，公推李杜为翘楚。若能被李白或杜甫佩服一下，对于任何一位诗人来说都是莫大的荣誉。

崔颢便有幸享有这样的名誉：李白一度远游武昌，登黄鹤楼，诗人登临照例是要题诗的，李白却令人费解地空手而归。他的解释是"眼前有景道不得，崔颢题诗在上头。"意思是，我倒是想写写眼前的胜景，可是崔颢的好诗在前，自认无法超过，何必再写？

李白为之叹赏罢笔的诗作，就是崔颢最有名的篇章《黄鹤楼》：

> 昔人已乘黄鹤去，此地空余黄鹤楼。
> 黄鹤一去不复返，白云千载空悠悠。
> 晴川历历汉阳树，芳草萋萋鹦鹉洲。
> 日暮乡关何处是，烟波江上使人愁。

黄鹤楼是武昌名胜，俯瞰长江万古不衰的流水，传说曾有仙人乘黄鹤从此地翩然经过，所以得名黄鹤楼。崔颢这首诗，写足了悠远的意境，李白的评语丝毫没有夸大之处。历代文人登黄鹤楼，留下了几百上千首题诗，这些诗作早已被精明的商人汇集成篇，作为旅游纪念品在当地发售，但只要提起写黄鹤楼的诗歌，我们几乎记不起除这首诗以外的其他任何作品。

很多人会因为一首诗而爱上一个诗人，然后会去搜集后者的全部作品。如果以这样的热情对待崔颢，一定会令人大失所望，因为崔颢的其他诗作大多轻浮浅薄，和《黄鹤楼》完全不是一个调性。

以诗观人，我们会从《黄鹤楼》推断崔颢是一个温柔敦厚、超然倜傥的君子，其实他在少年时代便以轻薄浮艳著称当世。

轻薄子弟往往既够聪明，精力也够旺盛，崔颢在这两点之外又多了几分文学才华，所以很快就为自己赢得了一些文名。喜好接引晚辈的达官李邕听说崔颢有才子之名，便邀他来家中做客。对于崔颢而言，这实在是一次跃龙门的机会，而按照惯例，登门拜谒需要献上自己的得意作品才行，并且要把最出色的作品放在第一篇。

2

也不知道出于有意还是无意，崔颢放在头篇的诗作是一首《王家少妇》：

> 十五嫁王昌，盈盈入画堂。
> 自矜年最少，复倚婿为郎。
> 舞爱前溪绿，歌怜子夜长。
> 闲来斗百草，度日不成妆。

这首诗是以一名少妇的口吻讲述婚后的幸福生活，写尽小女人的活泼情态，大意是说自己十五岁那年嫁到了王家，和丈夫恩恩爱爱，如胶似漆；自己不但样貌美，还能歌善舞，闲来做做斗草的游戏（这是唐代女子最流行的一种可爱游戏），有时玩得忘了时间，连梳妆都顾不上了。

平心而论，这首诗的文学表现力上佳，绝对不能算是一首坏诗，然而投献的结果，却是将李邕惹到勃然大怒，竟不许崔颢进门了。

《王家少妇》虽然诗意盎然，文学手法出色，但输在思想格调太低。若拿给歌女演唱，倒也无伤大雅，只是作为投献给尊长的第一篇作品，确实大失礼数。

在传统文化的诗歌观念里，一首诗只要格调不高、境界低下，那么它写得越美妙，反而越值得鄙薄和警惕，因为小人有才如同猛虎添翼，对世道人心的危害性远甚庸人。

拜谒尊长，是一个为自己争取政治前途的良机，最应当在诗歌里展现的当然是自己高尚的情怀（哪怕是伪装出来的），而崔颢的做法等于在告诉李邕：我就是这么一个轻薄文人，您一定是我的知音，最能欣赏我写出的轻薄诗篇。没错，这是在打李邕的脸啊。

3

崔颢的诗歌虽然格调有点轻浮之嫌，创作态度却无比认真。

一二五

如果以创作态度为标准，那么诗人大致可以分为两派，分别以李白、杜甫为代表。李白写诗，"斗酒诗百篇"，汪洋纵恣，文不加点；杜甫写诗，"为人性僻耽佳句，语不惊人死不休"，可以为一句诗、一个字费尽心力。将杜甫风格走到极致，就会成为所谓的苦吟派，孟郊、贾岛就是这样的人物，而更有甚者，李贺就是因为写诗写得太费心思，年纪轻轻就活活累死了。

崔颢所走的正是苦吟一路。既要苦吟，又要使创作出来的成品不被人看出苦吟的痕迹，这是一件何等的难事？所以当崔颢患病，清瘦下来时，友人们便自然而然地为他找到了病因："你不是真的生病，是被苦吟累坏了呀。"

其实，如果说崔颢的身体真的是被什么给"累坏了"，那么最有可能的犯罪嫌疑人不是诗歌创作，而是女色。李邕并没有看走眼，崔颢当真是轻薄文人，私生活完全可以用"纸醉金迷"来总结。如果你有急事找他，那么崔颢的家应当是你最后的选择，那些有名的酒楼和赌坊才是你的首选之地。

一个人好酒又好赌，还喜欢写点花花绿绿的小情诗，有好色的毛病也就不稀奇了。崔颢的好色，在整个唐代的好色史上都可以占据显要的地位，因为他色出了一种独门风范：崔颢娶妻，漂亮是唯一的标准，但再漂亮的女人处得久了也会给男人带来审美疲劳；一般人解决审美疲劳的办法无非是纳妾、嫖妓和偷情，但崔颢不同，他会休妻再娶，然后不断重复这个过程。

这种事情即便放到现代都属于舆论谴责的对象，何况古人极重夫妻关系——原则上讲，纳妾是可以的，只要你有条件，纳多少妾都无可厚非，但妻子绝对不能换来换去。三番四次地休妻另娶，自然会导致财产继承方面的严重争端，"齐家"铁定是做不到了。而一个知识分子若不能齐家，又怎能够治国、平天下呢！

然而离奇的是，到了晚年，也许是荷尔蒙衰退的缘故，崔颢忽然像变了一个人似的，性格变得成熟稳重，诗歌格调也变得风骨凛然。《黄鹤楼》就是他的晚年之作，所以才能够赢得诗坛巨匠们的再三叹赏。

崔颢的人生转折会让我想到一个略嫌荒谬的问题：假如必须二选一，崔颢会选择自己早年的生活还是晚年的生活呢？如果让我们抉择，我们又将如何？

洛阳亲友如相问,
一片冰心在玉壶。

大唐诗人往事

THE PAST
OF TANG DYNASTY
POETS

关键词
不拘小节、诗家夫子

王昌龄·细节决定成败

1

寒雨连江夜入吴,平明送客楚山孤。
洛阳亲友如相问,一片冰心在玉壶。

这首《芙蓉楼送辛渐》是王昌龄最为传世的诗篇,"一片冰心在玉壶"更是人人耳熟能详的名句。写这首诗的时候,王昌龄正在江宁(今南京)担任一个微不足道的小官,江宁离镇江不远,王昌龄就是在镇江的芙蓉楼上为好友辛渐饯行,以诗相赠。

这首诗写得豁达而高洁,但倘若我们足够细心,就会生出一个疑问:难道"洛阳亲友"对王昌龄有什么误解吗?或者听说了什么负面的传闻,所以王昌龄才要如此为自己辩白呢?

事情还真是这样。王昌龄的为人,史称"不护细行",也就是不拘小节,不甚检点,以至两次三番地被贬官。我们会猜测有这样"名士风范"的人一定是世家子弟出身,但我们真要大跌眼镜了:王昌龄出身贫贱,年轻时要靠种田为生,科举也不顺利,将近不惑之年方才考中进士。

以今天的标准来看,这样的人应该是一个标准的凤凰男,当然也应该具备凤凰男所普遍具备的那种勤奋的精神与谨慎的性格,对职位、人脉、婚姻门第等与晋升之阶有关的一切要素看得极重,但王昌龄是个例外,天生一副诗人风骨,偌大年纪仍然不失为性情中人。

　　一个人若太性情化，难免会触碰一些或隐或现的社会规范，会被那些老于世故的人讥讽为"不晓事"。我们已经无从考证王昌龄到底传出了怎样一些负面新闻，做了怎样一些"不晓事"的举动——显然那都不是什么要紧的事，与为人大节更无关系——只知道因为他大喇喇的性格，人们对他的批评和议论一度到了沸沸扬扬的地步。

2

　　以王昌龄这样的性格，在今天完全可以做一名自由职业者，与世无争，与人无碍，可惜当时他不得不在险恶的官场上讨生活、奔前途。

　　仅仅物议沸腾倒也罢了，最多使心情和职位一并低落一点而已，但若因这样的性情而得罪了不该得罪的人，无端招惹来权势者的忌恨，那就真有生命危险了。一句话，王昌龄为人处世的方式，让他在彼时几乎可算在玩命。

　　安史之乱爆发，世界仿佛一瞬间失去了所有的规矩，人人都有了便宜行事的理由，平日里绝不敢做的事情也可以作为权宜之计而欣然行之了。战火里最令人担心的自然是远方的亲人，当时王昌龄已被远远贬在湖南的一个穷乡僻壤，他再也顾不上公职，仓皇地跑回了家乡太原。这是王昌龄人生中的最后一段旅程，他并非死于安史叛军之手，杀他的却是早已对他心怀忌恨的同僚：刺史大人闾丘晓。

动荡的时局总会给人提供无限多的报私仇、泄私愤的机会。闾丘晓怀着满腔嫉恨，抓住王昌龄擅离岗位的罪名将他处死。平心而论，王昌龄确实有失职之嫌，但罪不至死，更何况因战乱而省亲完全可以得到儒家道德的支持——孔子早就讲过，独生子因为顾念父母而当了逃兵，非但不该治罪，反而该受到同情和表彰。圣朝以孝道治天下，将孝道放在公务之前，也不是什么大不了的事情。狂放而不拘小节的性格早晚会使王昌龄吃到苦头，这样的下场其实并不令人意外。

3

不是每一个人、每一件事都能让我们看到清晰的因果报应，但闾丘晓枉杀王昌龄，很快就招致了报应：为了平定战乱，名臣张镐被委任为河南节度使，恰恰是闾丘晓的顶头上司。会战之际，闾丘晓贻误战机，论罪当斩。闾丘晓向张镐苦苦哀求，说自己有年迈的双亲需要奉养，希望长官以孝道为先，宽恕自己。张镐只是冷冷地回了闾丘晓一句:"王昌龄的父母谁来奉养呢?"闾丘晓闻言大惭,不敢再做恳求,无可奈何地被杖刑打死。

王昌龄的不拘小节虽然招致物议沸腾,但所有的事情终归都是小节,人死之后更无足论,大家越发开始怀念起他的种种好处来;闾丘晓的一生,受人非议的虽然只有枉杀王昌龄这一件事,这却偏偏属于大节,直到今天也不曾被人原谅。其实单以诗歌来说,闾丘晓和王昌龄原本大可成为诗友,闾丘晓到底也写过不错的诗呢:

> 舟人自相报,落日下芳潭。
> 夜火连淮市,春风满客帆。
> 水穷沧海畔,路尽小山南。
> 且喜乡园近,言荣意未甘。

这首诗题为《夜渡江》,很有几分风雅。古人多以为文为心声,因此越发不能理解闾丘晓的为人。明代文坛宗主钟惺语带困惑地讲过:一个能杀王昌龄的人竟然也能写出这样的好诗,真是怪事!

钟惺想是认为:闾丘晓既然也能写得一手好诗,自然能够欣赏王昌龄这样的优秀诗人,惺惺相惜都还不够,又怎会因为一点世俗的忌恨而痛下杀手呢!这样想当然也不为无理,但是,能有这般天真想法的人一定是走不惯官场的,钟惺果然也没有做过多大的官。

我们也常常会如钟惺一样想,但在我们倾心欣赏大唐璀璨诗歌的时候，应当时时记得的是，对于诗歌背后的那些作者而言，诗人的角色往往只是他们全部的社会角色中不甚重要的一个。

4

王昌龄自己其实也是一个诗人杀手，在文学版图上犯下过滔天大罪：诗人孟浩然就是因他而死的。

那是唐玄宗开元末年，王昌龄途经襄阳，拜访大诗人孟浩然。王昌龄为人豪放，孟浩然便也陪他一起豪放起来，连忌食生鱼的医嘱都抛诸脑后了。结果就在王昌龄尽欢而别之后，孟浩然便以生命为代价向世人昭示了忌口的重要性。

细节决定成败。细节未必决定了所有人的成败，但至少决定了王昌龄和孟浩然的生死。

行到水穷处,
坐看云起时。

大唐诗人往事
THE PAST
OF TANG DYNASTY
POETS

关键词
文艺全才

王维·亦诗亦画,亦官亦隐

1

人生要有一个华丽的出场，王维做到了。

王维，太原人，七绝圣手王昌龄的同乡。对照王昌龄出道之艰辛，我们会惊叹王维的出道是何等之耀目。

王维是个神童，比起王勃、杨炯之辈并不逊色多少。九岁那年，他就能写得一手不错的文章。他书法也好，不仅隶书好，就连最难学的草书也能写得很好。他还有一身才艺，尤其精通音乐，弹琴谱曲无所不长。以今天的标准来看，王勃、杨炯一类的神童相当于奥数优胜者、学霸，而王维除此之外，还考过了钢琴九级和围棋初段。

这样一个多才多艺的孩子，如果再生得一表人才，恐怕就连他的亲生父母都会暗暗觉得老天不公，而老天偏偏就是这么不公。于是，当青年王维开始为自己的前途铺路的时候，全然不觉得这个世道真的如无数苦大仇深的文人所一再抱怨的那般艰辛坎坷。他无论走到哪里，都会毫无悬念地收获鲜花和掌声，就连官二代和富二代们都难免对他生出一点羡慕或嫉妒的心情。

要想步入仕途，必须考中科举。科举这条畏途使王昌龄殚精竭虑，使李贺望洋兴叹，使无数才智之士耗尽了毕生心血，但王维偏偏可以履险如夷。原因无他，他就是这样一个命运的宠儿，有贵人愿意倾力相助。

2

岐王李范，唐睿宗的第四个儿子，工书好学，喜好结交文人才子，正是他做了王维仕途中的第一位贵人。

一般而言，达官显贵奖掖后进，往往都有几分自高身价、培植党羽的意思，而岐王不同。

岐王是与生俱来的天潢贵胄，旁人辛苦争夺一辈子也未必能够得到的东西在他而言唾手可及；他也没有任何政治野心，天下间没有任何事值得他处心积虑。他对王维的欣赏是发自肺腑的，不掺杂一点功利色彩。

他只是单纯地喜欢王维，所以希望能帮助后者成就功名，仅此而已。

普通百姓要想打通人脉，最头痛的不是钱财本身，而是完全不晓得这些钱财究竟要用在什么地方，所以常常耗尽家财，事情却依然没有办成。而对于权力中心的人物来说，非但晓得该向哪个方向使力，更晓得应该如何使力。岐王给王维的，不过是两句指点和一次引荐罢了，而这点东西却是无数人愿意付出万贯家财却求之不得的。

岐王告诉王维：要想科举夺魁，只要九公主的一句话；而要想得到九公主这句话，你只需要从自己作过的好诗中精选几首，抄录下来，再准备一首符合流行口味的琵琶曲，这就够了。

一切就绪，王维跟着岐王来到九公主的府第。九公主是唐睿宗的第九个女儿，是岐王的妹妹，她的高门大墙可以轻易将王维以及所有寒门子弟挡在外边，而哥哥到妹妹家里做客却是再自然不过的事情。

3

按照岐王的安排，王维扮演成乐工的模样，被众伶人簇拥着当筵献艺。九公主立时注意到了这个一表人才、技艺精湛的乐工，问他所弹何曲，答曰"《郁轮袍》"，两人就这样搭上话了。

待到王维表露身份，拿出诗卷请九公主过目之后，九公主更是吃惊："这都是我平日里最爱讽咏的诗篇，一直以为是古人的作品，没想到竟然是你写的！"

世上当然没有那么多巧合，这显然是岐王事先做足了功课。

九公主连忙将王维延请到上座入席，毫无悬念地给了王维一个许诺："这场科举如果能得到您为第一名，真是莫大的荣幸啊！"

王维就是这样赢来了人生的第一桶金：金榜题名，状元及第。那是开元七年，王维年方十九。

4

其实在士大夫的传统里,这样的晋升之道总是让人看不起的。北齐名士颜之推写过一部教育子弟的家训,也就是著名的《颜氏家训》,他在书中回忆一位士大夫曾对自己讲过:"我有一个儿子,已经十七岁了,很懂点文书写作方面的事。我教他鲜卑语和弹琵琶,他也快要学成了。以这些特长去为王公大人们效劳,没有不受到宠爱的。"这番话的背景是北齐显贵多为鲜卑人,鲜卑人多爱琵琶,所以会讲鲜卑语、会弹琵琶,确实是取悦鲜卑贵族的上佳门径。颜之推以这件事教育子孙,最后说道:"我当时低头听他讲,未作回答。这个人教育孩子的方法真是令人惊愕啊!即便靠这种方式可以官至宰相,我也不愿意你们去做。"

以今天的标准来看,让孩子学一门外语,学一项艺术特长,以期在就业和婚姻市场上多几分筹码,这是再正常不过的事情。如果孩子学出成果,家长也有十足的理由在亲朋好友间夸耀。在北齐,会讲鲜卑语、会弹琵琶,这是最能在就业市场上为自己加分的技能,但君子之所以觉得羞耻,是因为这实在太穷形尽相了些。

唐人毕竟性情豁达,风气开化,寒门子弟为求晋升更顾不得那些传统的道德规范。王维的做法在当时并未受到谴责和讥讽,实在是因为随着科举制度的大行其道,名利场上的你争我夺早已经趋于白热化了。

5

如果一切风平浪静，不知道王维在仕宦的旅途上可以走到多远。但个人的命运总要受到时代大势的左右，谁也不曾想到，安史之乱就这样突然爆发了。多少人的人生即将因此而大大改变，就连王维这样的命运宠儿也无法例外。

就在安史叛军即将攻陷长安的时候，唐玄宗仓皇出逃，随即便发生了著名的马嵬坡的故事。后人读史，对这段事情的前因后果都看得清楚，然而当局者迷，王维作为时代动乱的当局者之一，当时却像许许多多的朝廷大员与长安百姓一样，对皇帝的动向懵然无知。

史书上讲，王维当时未能及时跟随玄宗出逃，不幸被乱军俘获。安禄山也如岐王一样欣赏王维的才华，只是欣赏的方式不脱武人的强横之风，真让王维难以消受。

安禄山硬要给王维一个官职，逼他在自己的新朝廷里做事。这种变节的勾当是没有哪位士大夫真心想做的，但不做又有什么办法呢？不是所有人都有以死抗争的勇气，所以乱世中的节操才显得尤为珍贵。

其实史书的叙述分明是有偏袒、有避讳的。王维没能跟上玄宗出逃，错不在他，而是玄宗抛弃了他，抛弃了绝大多数的朝臣，甚至抛弃了他亲生的皇子皇孙们。

中晚唐的人们始终记得，当安史叛军逼近长安的时候，一代明君唐玄宗趁着拂晓时分秘密逃亡；为了保证行动的机密性，非但对朝臣和禁军做了诸多欺骗性的安排，甚至将宫外的皇妃、皇子和皇孙们弃之不顾，听任这些至亲骨肉在即将到来的叛军的铁蹄下自生自灭。

即便普通人可以理解一国之君对臣僚与百姓们忍心做出这样的事情，也无法相信一个祖父会对孙儿做出这样的事情。

父不慈则子不孝，君不君则臣不臣，唐玄宗的做法其实已经取消了臣子对皇帝的义务。但是，这毕竟只是理论上的说法而已，更何况深陷贼手的王维还不晓得自己被抛弃的事实。

他不愿变节，却没有拼死的勇气，只有服药使嗓音变哑，将身体搞得孱弱，以示对安禄山的任命实为力有不逮，并非刻意不识抬举。安禄山也不过分为难他，只是将他带到洛阳，软禁在菩提寺里。

6

当时唐王朝的精兵猛将绝大部分都掌握在安禄山手里。后者一旦兴兵起事，几乎有摧枯拉朽的势头。假如安禄山更有一点长远的政治眼光，代唐而立怕也不是什么难事。但他毕竟只是一介武夫，来得太快的胜利让他喜不自禁，竟然舍长安而据洛阳，在没完没了的庆功宴会上痛饮狂歌。

凝碧池，洛阳禁苑名胜，突然就改旗易帜、物是人非了。

安禄山在凝碧池大排筵宴，令梨园子弟奏乐助兴。梨园子弟有过辉煌的过去，他们不仅是唐玄宗的御用乐队，雅好音乐的玄宗甚至亲自指点年轻的乐工，那是一段何等尊荣而愉快的岁月啊。

梨园不乏性情中人，乐工雷海清突然抛下乐器，面向西边长安的方向痛哭失声。乱兵恨他扫兴，立即乱刃分尸了事。安禄山的部下早已习惯了杀人如草芥的营生，并不觉得这是多大个事，杀完人继续饮酒作乐，转眼便忘记了方才那一点点的不愉快。只有那些强颜欢笑的梨园子弟，以及始终忠于大唐的幸存朝臣，在黑暗中饮泣，在无声中颤抖。

王维的那首《凝碧池》就是在菩提寺里专为此事而作的：

> 万户伤心生野烟，百僚何日更朝天。
> 秋槐叶落空宫里，凝碧池头奏管弦。

平心而论，这首诗虽然满是真情实感，诗艺却拙劣得太不像话。所谓的"国家不幸诗家幸，赋到沧桑句便工"，并不是一个普遍的规律。对于杜甫那样的诗人确是如此，但对于王维，他的诗只有在最闲适的时候才最能写出味道。一切的国仇家恨，都是他消费不起的奢侈。

《凝碧池》通过王维的好友悄悄地流传了出去，王维当时并不知道，正是这首自己一生中所写过的最拙劣的诗，竟然会对自己的命运产生最大的影响。

7

最痛苦的时光终于挨过去了。

历时八年，安史之乱终告平定，天下江山依旧姓李。那些在沦陷区里一度接受伪职的大臣无不忐忑地猜测着：该是秋后算账的时间了吧？

唐玄宗的"不君"不能成为臣子们"不臣"的理由。没办法，政治就是这么不讲道理。

拨乱反正之后，一切在安史之乱期间接受过伪职的官员都受到了严厉惩处。皇帝可以容许臣子贪污腐败或庸碌无能，唯独不能容忍的就是对自己的不忠。王维成为这场大清算运动中唯一的一条漏网之鱼，一是得益于《凝碧池》那首"坏诗"，二是得益于他有一个好弟弟，甘愿舍弃官职为兄长赎罪。

王维保全了性命，也保全了官位，却没有保全住名节。

正因为他是唯一的一条漏网之鱼，在那些或因主观或因客观原因而不曾变节的同僚面前多少有点抬不起头来。所有人突然都可以站在道德制高点上对自己指指点点，这个滋味实在不易消受。

于是他做官做得越发消极起来，越发在音乐、绘画与诗歌里，在青灯古佛的宗教信仰里消磨岁月。他越发变成了一个尸位素餐的官员，过着半官半隐的生活。他之所以不肯真正辞官归隐，仅仅是因为他需要那笔不菲的薪俸来维持名士生涯所需要的一切物质基础。

我们悬隔千年，以毫无利害瓜葛的眼光欣赏王维的艺术成就，但当时那些辛勤纳税的百姓很可能会认为王维这样貌似高洁的生活方式实在有点令人愤慨吧？

8

王维的居所就在离长安不远的终南山上，有一个很漂亮的物业名称：辋川别墅。

辋川是唐代长安极著名的风景区，从日本圣福寺所藏的唐代《辋川图》来看，当地秀美的山川里有着相当规模的建筑群，是极奢华的富人别墅区。不仅如此，辋川还有着便利的交通环境，距离长安不过四十公里，属于闹中取静的佳处，很适合过半官半隐的休闲生活。今天上朝办理公务，明天回来寄情山水，切换起来一点都不费力，名利与修道竟是这般的水乳交融。

王维的辋川别墅是从宋之问手里购得的，所谓别墅，其实说是庄园才更加妥帖，因为它不仅仅是山清水秀中的一所豪宅，而是依庄园而建立的，带有相当程度的生产性质。

我们看王维《辋川集》里的一首《辛夷坞》：

木末芙蓉花，山中发红萼。
涧户寂无人，纷纷开且落。

这也是王维的一首名作，从中我们哪里读得出来，这个饱含禅意的辛夷坞其实是庄园里一个出产经济作物，能给王维带来收入的地方。再看另一首同样著名的《鹿柴》：

空山不见人，但闻人语响。
返景入深林，复照青苔上。

这样一个诗情画意的地方其实是一个麋鹿养殖所，是一个为这位似乎毫无人间烟火气的诗人赚取实实在在利润的地方。这样的别墅是从汉魏时代的庄园经济演变而来的，不能以今天的眼光视之。

9

王维就在辋川别墅里读经礼佛，谈诗论道，宛如一名真正的居士。

他似乎也真的清心寡欲了，自从妻子早逝之后一直保持独身，每天只吃素食，不穿染色的衣服。他又像一个与世隔绝的艺术家，生活的淡雅也表现在他的诗里，而他的色彩却仅仅展现在他的画上。

他对音乐的喜爱贯穿终生，在半隐之后，音乐修为更是到了匪夷所思的地步。某次有客人拿了一幅《按乐图》与王维共赏，王维说道："这幅画所画的，是《霓裳羽衣曲》第三节第一拍的情景。"客人后来拿画与演奏对照，骇异地发现果然全如王维所说。王维的心，就是这样在艺术与宗教里刻意与世俗拉开了距离，拉开了一段足以让他安全且安心的距离。

念佛念得久了，王维似乎也如得道高僧一般有了预知涅槃的能力。临终之时，他写信与亲友作别，才一落笔便去世了。辋川别墅根据他生前的上表请求，被改为一座美丽的寺院。王维并无子嗣，所以也没有人为此来打财产继承权的官司。从这一点来看，他对佛教的信仰总还有几分真诚，不惜干犯儒家"不孝有三，无后为大"的经典信条。

现代人总会据此怀疑王维生理异常，其实在古代社会，就算自己生不出儿子，通常也会从宗族子侄当中过继一个来，以确保自家"香火不绝"，亦即确保已经去世的无数位祖先永远都能够享受到后人的祭祀。佛教则要求摆脱一切挂碍以证入涅槃，妻子、儿女、钱财、地位等一切身外之物都应该弃之若敝屣，佛陀本尊不正是这样为人们做出表率的吗？

王维虽然舍不下官位，舍不下钱财，但是，能舍下妻子和儿女已实属难能可贵。这样的死法，总也算得上"赤条条来去无牵挂"了。

10

"行到水穷处，坐看云起时"，王维最著名的这一联诗句所描绘的就是诗人在辋川别墅里的悠然生活，这首诗的题目叫《终南别业》，全文如下：

> 中岁颇好道，晚家南山陲。
> 兴来每独往，胜事空自知。
> 行到水穷处，坐看云起时。
> 偶然值林叟，谈笑无还期。

诗中所谓"好道"，其实就是"好佛"。这里的"道"并不是指道家或道教，而是指佛教。

佛教在东汉时期初传中土，而东汉正是一个谶纬盛行、鬼神遍地的朝代，时人把佛教归入道术。这个道术的意思不是道家之术，而近乎于方术，学佛就叫作学道。

诗中说自己中年以后喜好佛教，终于把家置在了终南山的山脚下；兴致一来，自己便独自在这一带闲行，其中的乐趣只能自己体会，无法讲与人知；沿着水流而行，行到水流的尽处，没有路了，但那又何妨，正好坐下来仰看白云生起；偶然还会在林中遇到本地乡间的长者，那就一起谈笑，忘记了回家的时间。

　　这首诗的妙处就在于写尽了一种随缘的意趣：本来独来独往，自得其乐，走到山穷水尽之际，旁人都只会焦躁地找寻出路，王维却可以顺势歇息下来，而这一歇息，竟然又发觉了此前从未留意到的新的美景；与林叟的相逢不是相访，而是不期而遇，既然遇到了，那就顺势谈笑好了，方才"胜事空自知"的感觉一下子就变成了"独乐乐不如众乐乐"，快乐因为有了旁人的分享而变得更加快乐。一切都在随缘顺势，毫不着力，而每一个意料之外的变化带来的不是焦灼或不悦，不是对变化的不满，而是对变化的不在意。之所以不在意，是因为对每一个变化若采取随缘顺势的态度，都只会发现更多的妙趣。

　　这样的诗，有秘而不宣的哲理，也有飘然出尘的画境。后人评王维"诗中有画，画中有诗"，是说王维的诗歌是最有画面感的，他的画也是最有诗意的。这已经是不易达到的境界了。他的诗充满了纯然的画面感，没有像宋人那样的刻意说理，深刻的哲思却油然而出，给人无限的回味，这样的诗才真正是第一流的。

　　王维的诗，远比他的人生璀璨。

◇王维名字考

王维，字摩诘。名与字合起来即"维摩诘"，这是大乘佛教里最有文化影响力的一个角色，即佛教《维摩经》的主人公。王维最爱的佛经就是《维摩经》，最仰慕的佛教中人就是这位维摩诘。

维摩诘的出场标志着佛教的一大转变。佛教是所谓"出世间法"，修的是涅槃解脱，对世间种种要有一种"舍得"的精神。这对穷人并不难，对富人可就难了——穷人如果走上修行之路，"失去的只有枷锁"，富人如王维这样的，真能舍得官位吗？如果没有了官位，还住得起辋川别墅，写得出"行到水穷处，坐看云起时"这样的诗句吗？

富人如果既想修佛，又想继续享受富贵生活，这在原始佛教里本来是没有办法的，但思想的发展总会与时俱进，大乘佛教的《维摩经》应运而生，妥善地解决掉了这个难题。《维摩经》的主角叫作维摩诘，他是佛陀时代的一位印度巨富，一生结交权贵，手眼通天，经常流连于风月场所，尽享荣华富贵。

真相往往出乎意表，维摩诘竟然是一尊佛，化身在繁华世界里普度众生，所以他精通佛法，能言善辩，行事超乎常理。他以生病为借口引来了文殊菩萨，借机向后者宣道，破除文殊菩萨的"错误观念"，主要就是"修行必须出家"的观念。维摩诘认为出家能成佛，居家也能成佛，涅槃境界就在世俗生活当中，哪怕你是一个正在金山银海、醇酒美人当中打滚的巨富，只要你是依据直心行事，那这就是在家修行的佛道，就是在净土世界里的生活。

这样的观念，对于印度的早期佛教传统而言简直是颠覆性的，却毫无悬念地在上层社会大受欢迎。王维所追求的，正是这样的一种修行境界，而他果然也做到了，没有愧对自己的名字。

天生我材必有用，
千金散尽还复来。

大唐诗人往事
THE PAST
OF TANG DYNASTY
POETS

关键词
痛饮狂歌

李白·一个从不肯脚踏实地的天才

1

你是否愿意和这样一个人成为朋友：他总是大言不惭，自恋到令人发指的程度，酗酒成性，花钱如流水，从来不肯脚踏实地，永远耽于不切实际的空想……如果你有一点小市民习气，和这个人交往一定只会占尽便宜；如果你是一个性情中人，并且真的把他当朋友，他一定会为你两肋插刀，甚至不惜犯险杀人；如果你是他的同行，你会怨恨苍天为什么要让你生活在他的时代里；如果他是你的属下员工，你一定对他又爱又恨，而最终恨意会占据上风，你恨不得马上就把他踢到十万八千里外；如果你是他的妻子，你会用全部的婚前时光来向往，而后用全部的婚后时间来后悔；如果你是他的子女，你或许会记得他对你讲过的每一句话，因为他总共也没对你说过几句话。

这个人，就是李白。

2

"痛饮狂歌空度日，飞扬跋扈为谁雄"，这是李白给杜甫留下的印象。

李白是富二代出身，其先世数代定居西域，直到李白的父亲这一辈上方才大举迁居，由胡入蜀。这大约是为了躲避仇家或官府，而当时李白已有五岁，西域的风俗文化成为他身上最早植下的文化基因。

定居巴蜀之后，李白的父亲过着深居简出的低调生活，李白却以极其高调的姿态成长起来了。

自幼锦衣玉食惯了，李白当真视金钱如粪土，完全有痛饮狂歌、飞扬跋扈的经济基础。李白有太多的忧心事，为天下兴亡忧心，为政治前途忧心，为修仙大业忧心，为朋友的困境忧心，唯独不曾为钱财忧心。"天生我材必有用，千金散尽还复来"，这样的诗句，贫寒出身的诗人无论再天才也写不出。

必须感谢李白的父祖，若没有他们，李白怕也写不出这样的豪气。于是腰缠十万贯，巴蜀任游学，李白就是这样度过了自己的青葱岁月。

巴蜀民风大与中原不同，有任侠仗义之风，重经济纵横之术。相形之下，按部就班的读书应举实在是一件太过无聊的事情，是李白绝对不愿去做的。

大丈夫志在四方，如愿有所成就，那就成就姜太公、诸葛亮那样的事业，由布衣之士跃升为帝王之师，于谈笑之间安定天下。后来的事实一再证明，这种眼高手低的毛病实在害了李白一辈子。

3

年纪稍长之后，李白便离蜀东行，"仗剑去国，辞亲远游"。

所谓"仗剑去国"，这倒不是诗人为了渲染气氛而发出的大话，李白当真学过剑术，也当真在远游的旅途中像小说里侠客一样"头不离肩，剑不离身"。李白自称曾经手刃数人，据李白研究专家周勋初的意见，在这件事上李白应该没有吹牛，也算小小实现了"十步杀一人，千里不留行"的侠客大梦。

当然，侠义精神绝不仅仅是剑术好，敢杀人，李白远游途中接下来发生的这件事才是真正有任侠风骨的。古人的生命远比现代人脆弱，与李白同游的同乡好友吴指南不幸死在洞庭湖畔。李白为之服丧恸哭，就算有猛虎靠近也不为所动。所幸猛虎于此时保持了必要的审慎，没有轻率地葬送掉这位中国诗歌史上最伟大的天才。李白本着巴蜀旧俗，将好友的尸身殡而不葬，留在当地。几年之后，李白重新寻来，检视好友的尸身，见筋肉尚在，于是一边哭着一边持刀剔尽了尸身上的筋肉，再将骨骼洗净之后包裹起来，随身携带，长途跋涉到鄂城之东，将好友正式营葬。

这件事情的全部经过是李白在写给安州长史裴宽的干谒书信里亲自讲出来的，为的是举证说明自己是一个任侠仗义的性情中人。但这种"南蛮"的丧葬方式与中原传统大不相同，在中原士人看来简直有点毛骨悚然的感觉。

4

有一种因果关系很难辨识清楚：究竟是一本书影响了一个人，还是一个人总会选择与自己性情投合的书籍来看。这两种情形应当是同时存在的，所以我们读书其实很难改造自我或者塑造一个新的自我，反而只是强化了固有的性情与观念罢了。

越是感性重于理性的人，这一规律在他的身上也就越适用。李白，当然是最逃不过这一规律的。我们读李白的诗集，可以从他的遣词造句与用典当中晓得他都读过哪些书，更晓得他最爱读的是什么书。答案一点都不会令人吃惊：李白最爱读的就是《世说新语》，他对魏晋名士做派的痴迷，简直到了亦步亦趋的程度。然而不幸的是，魏晋风度是要有门第做支撑的，而李白的家庭只有财富，却没有门第。

既然没有门第，那就索性挣一个门第出来吧。

5

远游长安，拜谒权贵，打通人脉，这是唐代每一个有志青年的必经之路。狂傲如李白也不能免俗，唯一免俗的，只是不愿参加科举，期望一步登天。

唐代的开放风气正适合李白这样的狂人，他拜谒权贵时的那种种自我吹捧的豪言壮语若换在其他任何一个时代都只会令人大皱眉头。只有盛唐，才能欣赏这样高涨到爆棚的自我意识。盛唐的长安是自恋分子的天下，谦虚低调的人活该找不到出路。

诗与酒是唐代社交的两大法宝，可以打通一切社会阶层的壁垒。这样的时代，简直是命运专门为李白布置出来的。于是，凭借着好诗才和好酒量，李白在长安的社交圈里如鱼得水，不亦乐乎。在他拜访过的所有权贵里，最能为他揄扬声名的当属贺知章无疑。

贺知章初见李白，读《蜀道难》读得心潮澎湃，呼李白为"谪仙人"，即被贬人间的仙人。当下把酒言欢，偏偏贺知章没带酒钱，便解下金龟向酒家换酒。

金龟不是凡物，而是官员专用的一种配饰，是身份的象征，其意义几乎等同于官印。贺知章也过于豪迈了些，而这样的豪迈也只有在盛唐气象里才能够得到宽容。从此"谪仙"之名跟随了李白一生，"金龟换酒"也成了文坛上的一段佳话，贺知章更与李白结成酒友，后来还被杜甫一并刻画进了《饮中八仙歌》。

6

有了贵人的揄扬，一身本领便不愁不会上达天听。

李白终于如愿以偿地进入朝廷,受到唐玄宗的厚待,但没过多久他便沮丧地发现,自己不过担当了一个文学侍从的角色,几乎与优伶无异,安邦定国的雄才伟略根本就无从施展。

对于李白这样的人来说,最痛苦的事情莫过于怀才不遇。唐玄宗当然不这么想,他觉得自己分明是量才录用,为李白提供了一个最合适的职位——以李白的才华,若不做文学侍从,难道还能做宰相不成!

历史确凿地为我们证实了唐玄宗的识人之明,同样证实了李白身上最缺乏的正是自知之明。

事实上,几乎所有人都缺乏自知之明,只是程度深浅有别罢了。自视过高是人类与生俱来的生存优势,换句话说,我们都是原始自恋者的后代;不自恋的人早已经被残酷的自然竞争淘汰掉了,他们的基因不曾传到我们的身上。

正是自视过高给我们带来了空前的自信,而空前的自信又赋予了我们敢于四处闯荡的精神。仅从唐代一众诗人的生平事迹来看,越是自信且自视过高的人,越是能够为自己争取到更好的发展前途。

当然,凡事都有例外,李白偏偏摊上了这个意外,或者说他的自视过高远远超出了普通人自视过高的程度,以至有一点物极必反了。

7

李白不甘心于文学侍从的角色，唐玄宗却也不敢将政务交给他办。这一对君臣的遇合绝非李白所期待的风云际会，反而处处龃龉，搞得两人都不舒心。

既然为帝王师的理想破灭，拾起年轻时修仙的大梦也是好的。总之，无论走哪条路，李白唯一能够接受的方式就是一步登天。唐玄宗也乐得成全李白的心志，赐金放还，一点也不曾亏待于他。

对于玄宗的厚赐，李白只觉得是一份莫大的荣誉，至于钱财本身他倒毫无所谓。李白为人任侠仗义，为救朋友急难可以一掷千金，平日寻欢买醉也可以"五花马，千金裘，呼儿将出换美酒"，花钱的本领并不比写诗的本领逊色。

那时候的李白已经名满天下，但那真是如假包换的虚名，并没有给他换来太多的实惠。

李白毕生所求的实惠无非有二：一是做宰，二是升仙。唐代崇奉道教，是真把升仙当回事的，各地时时爆出某某白日升仙的新闻，让那些潜心求道的人士一次次心痒难搔。李白早年便受过道教名人的接引，是正式入了道籍的，政治上的失意使他越发仙风道骨起来。

然而世事难测，正在仙缘难了的时候，政治上的转机不期而来。

8

渔阳鼙鼓动地来,惊破霓裳羽衣曲。

盛唐之际,太多诗人的人生轨迹都被安史之乱打偏了方向,李白也不例外。

性情决定视角,我们可以由此看到李白、杜甫这两位齐名的顶尖诗人为何一个属于浪漫主义,另一个属于现实主义。杜甫从安史之乱看到了苍凉,李白从安史之乱看到了机遇,是因为前者悲悯,后者激扬。

时势造英雄,乱世正是政治天才的绝佳舞台,这位理当应时而出的政治天才,在李白看来,也仅仅在李白自己看来:舍我其谁!

9

只有李白这样的乐观主义才配称作不可救药的乐观主义。

实在是太不可救药了。

从安史之乱中看到机会的当然不仅仅是李白,还有那些真正的政治投机客。

永王李璘打起勤王的旗号,礼聘天下英才共襄盛举。几乎所有人都看出了李璘动机不纯,将来难免有一场兄弟阋墙的皇位之争，而李璘因为名分不正，大概率会成为落败的一方。所以任李璘如何礼贤下士，天下名士只是借故走避，谁也不愿意蹚这趟浑水。当然，李白又在例外之列。

雄才伟略终于有了施展的机会，这真使李白喜不自胜。

一入永王幕府，李白纵是不懂得"战术上重视敌人"的道理，但完全懂得"战略上藐视敌人"的真谛。他在诗里是这样夸下海口的："但用东山谢安石，为君谈笑静胡沙。"李白将自己比作东晋谢安，谢安一代名相，一生最辉煌的事迹就是在幕后为东晋策划了以少胜多的淝水之战。

李白相信自己之于唐正如谢安之于晋。谢安一从东山隐居之地复出，就成就了一场惊天动地的胜利，这样的成功难道不是完全可以为自己所复制吗？

正如今天的名人成功故事坑害了不少懵懵懂懂的有志青年一样，谢安的成功故事彻底坑害了李白。李白并不知道一个人的成功总是由既数不清也辨不明的因素所合力造就的，而人们也总是把这样的复杂因果做最简化的故事化处理，使一切看上去有章可循。今天的心理学家称之为"故事偏误"：在学会以科学式的理性思考世界之前，人们是通过故事来解释世界的，亦即用故事来扭曲和简化现实，会排斥那些不适合编入故事的一切。

而史书都是以故事的手法写出来的，前因后果历历在目，心理动机也清晰可辨，这对于今天受过良好学术训练的读者而言简直有点匪夷所思。但古人缺乏如此的审慎与理性，尤其对于李白这样的浪漫主义者来说。他真诚地相信自己可以轻松复制谢安的传奇，却在不经意间触碰了政治世界里最大的禁忌。

10

一人得道，鸡犬升天。这个成语或许并不适用于修仙，却绝对适用于政治。

无论你能力再强，只要跟错了人，站错了队，最后也只会随着你的主君一损俱损。李白追随永王，分明就是跟错人、站错队了。

诗人要有真性情，政客要有巧算计，这是黑与白、水与火的矛盾，一个优秀的诗人注定是一名蹩脚的政客。我们可以轻易原谅李白的天真，因为他是一个伟大的诗人而原谅他诗歌之外的一切失败，但我们毕竟只是悬隔千年的旁观者而已，我们的同情与支持带不给李白任何的益处。

而与他同时代的人，却看不到他的天真，只看到他的失败。他们是同一屋檐下的住客，彼此利益相关，他们对异己分子的仇恨比诗人对诗歌的感情还要狂热。

所以当安史之乱平定，永王李璘失势之后，李白毫不意外地变成了世人眼中的污点政客，变成了众人推的那座墙上的一片瓦砾。杜甫当时在音信不通的情形下焦灼地为李白担忧,写下了"世人皆欲杀,吾意独怜才"的诗句。那时的李白,正被无数站在道德制高点上的正义人士唾骂、谴责,仿佛这世界若还能容得下李白,便是对所有正人君子的莫大侮辱。

李白获罪,获释,时而有短暂的宽慰,却永远有挥之不去的焦灼。

昔日那个一掷千金、豪情万丈的年轻人忽然变成了一个落拓无依的老者,眼看着被理想主义燃烧了一世的生命即将在冷火断云里寂寞收场。

他死在安徽当涂,传说他是在水边饮酒赏月时为了捞取水中的月亮而不慎溺死的。这真是一个富于隐喻色彩的冷笑话,却比信史的记载更多了几分诗性上的真实。

11

时光荏苒,人世代谢,及至唐代宗时代,李白的政治污点已经不再有人介意,他的诗名只越发如日中天,他在当涂的墓地也有越来越多的仰慕者前来祭扫,宣歙观察使范传正便是扫墓人之一。

范传正偶然翻检父亲范伦留下的文字,意外地发现有与李白唱和的诗篇,所以这次因官之便来到当涂,很有寻访李白后人,再续通家之好的意思。然而当地竟无人知晓李白后人的消息,范传正大感意外,之后足足花了三四年的时间,这才访到了李白的两个孙女。

范传正将两人召至府衙,更加意外地发现名人之后虽然举止娴雅,却是一副农妇的装扮。详询之下,二女言及父亲伯禽终身未仕,已然故去,有兄长一人外出十余年,至今不知下落。家中无依无靠,只有嫁作农妇,又怕玷辱祖先声名,所以一直不敢上报官府,这一回只因地方官催寻太紧,才不得不忍辱相告。

名人之后,竟然沦落如斯,范传正不觉辛酸,想以官府之力帮助二女改嫁士族,二女却执意不肯,以为在孤穷之际既然失身于下俚,怎可一朝仰仗官威改换门庭?若有这样的行径,必将无法在九泉之下面对祖父。

范传正唏嘘无奈,唯一能做的,只有将李白的坟墓迁至谢公山下,那里曾是谢朓的登临之地,而谢朓正是李白最为仰慕的前代诗人。李白若地下有知,或许会稍感到欣慰吧。

12

李白的诗,向来写得汪洋纵恣,不带一点人间烟火气,仿佛他从来都生活在现实世界之上。而现实世界果然也一再地辜负他以及他的后人,这倒也不能说是命运的不公。

我们今天读他的《将进酒》，感觉何等豪气，何等酣畅，何等激励人心，只是，若我们蓦然想起李白的一生以及他那两个孙女的遭际，不知道还会不会相信"天生我材必有用，千金散尽还复来"：

> 君不见黄河之水天上来，奔流到海不复回。
> 君不见高堂明镜悲白发，朝如青丝暮成雪。
> 人生得意须尽欢，莫使金樽空对月。
> 天生我材必有用，千金散尽还复来。
> 烹羊宰牛且为乐，会须一饮三百杯。
> 岑夫子，丹丘生，将进酒，杯莫停。
> 与君歌一曲，请君为我倾耳听。
> 钟鼓馔玉不足贵，但愿长醉不复醒。
> 古来圣贤皆寂寞，惟有饮者留其名。
> 陈王昔时宴平乐，斗酒十千恣欢谑。
> 主人何为言少钱，径须酤取对君酌。
> 五花马，千金裘，呼儿将出换美酒，与尔同销万古愁。

在这首《将进酒》里，我们完全可以看出李白诗歌最显著的两大特色，即夸张与任性。李白之夸张，一说发愁便是"白发三千丈"，说喝酒便是"百年三万六千日，一日须倾三百杯"，一说打仗平叛便是"为君谈笑静胡沙"；李白之任性，写诗讲话全凭一时的情绪，一高兴就认为"天生我材必有用"，一受点挫折就抱怨"骅骐拳跼不能食，蹇驴得志鸣春风"，四处干谒求达官贵人引荐的时候就说"生不用封万户侯，但愿一识韩荆州"，偃蹇不顺的时候就慨叹"安能摧眉折腰事权贵，使我不得开心颜"。若脱去全部文学的伪装，他不过是个一辈子都不曾长大的孩子。

◇李白名字考

　　李白，字太白。李白的母亲在生育李白那晚，梦见长庚星入怀；长庚星即启明星，又称太白金星，于是因梦名之为白。太白，即太白金星的简称。

大唐诗人往事

THE PAST
OF TANG DYNASTY
POETS

会当凌绝顶,
一览众山小。

关键词
诗史

杜甫·深谷中的俯瞰者

1

正如越是穷人,越喜欢说"祖上曾经富过",一个时时把家谱挂在嘴边的人,自身状况一定好不到哪里去,因为除了祖先,他实在没有什么可以拿出来炫耀的了。如果我们真的坚持这样的想法,并且和杜甫生活在同一个时代,一定会因此而轻视他的。

杜甫最喜欢炫耀他的祖先,当然,他的祖先里也的确有两位很值得炫耀的人物:一位是晋代的大将军杜预,非但功勋盖世,而且学富五车,在唐代官修的儒家经典里,就有杜预为《左传》做的注释,这是唐代考《左传》的科举考生必读的内容;还有一位就是前文介绍过的杜审言,他是唐代的诗歌大家,也是一位极尽夸张之态的自恋狂人。

史籍里的杜预还是蛮有温良恭俭让之风的,不知为何传到杜审言这一代偏偏性格张狂起来。杜甫幸或不幸地遗传了杜审言的狂妄基因,却失去了让杜审言得以狂妄的家世。

杜甫那时,家道早已中落,远不及乃祖时代的既富且贵。所以杜甫要想谋取前途,也必须和所有的有志青年一样,跋山涉水,到京城长安寻找机会。所谓寻找机会,机会其实只有一个,那就是创始于隋朝并兴盛于唐代的科举考试,而要想通过科考,打点门路的本领比一切都要重要。

2

在打点门路这件事上,祖先的名望其实是一笔丰厚的无形资产。这样的资产可不是人人都有,就连家财万贯的李白都不具备。然而遗憾的是,杜预名头虽响,毕竟是太过久远的人物,和现实社会已经没有任何关系;杜审言倒是距今未久,当年的相识故交有不少依然健在人世,只是以杜审言的为人处世,每认识一个人也就等于得罪了一个人——杜甫其实只要看看自己的父亲就能知道,如果祖父的人脉真的管用,那么父亲杜闲也就不会一辈子沉沦下僚了。

这些理性的考虑一概被杜甫作为负能量而果断舍弃,任何一个在长安见过他的人都会相信:他身上的正能量每天都是被加满格的。没错,如果他的自信稍差一点,脸皮稍薄一点,早就受不了"朝扣富儿门,暮随肥马尘"的日子了。

今天我们读诗词,读历史,很容易有一个错觉,仿佛唐代真的是诗人们的天下,其实在任何一个历史时代,只有帝王将相、达官显贵们才是真正的天之骄子,这些人的名字很多早已被历史淡忘,但就是这些人,主宰着在后来成为文学里程碑的那些大诗人的升沉荣辱。

3

唐代史料里，我们每每能读到权贵阶层奖掖后进的故事，以至一时很难理解像杜甫这样的大才为何就是走不通门路，得不到赏识。其实人情世故的规则并不难解，权贵接引人才无非有两类，要么是岐王那样的富贵闲人，会欣赏王维那样多才多艺、形容俊雅的才子，要么是有政治动机的官僚，要借此广植党羽，扩大自己的声望和势力。

杜甫既没有王维那样的相貌和才艺，也没有政治站队的心思和眼力。像他这样的人，落到"残杯与冷炙，到处潜悲辛"的下场，其实并不令人意外。

时势偏偏也和杜甫作对。奸相李林甫担心民间疾苦上达天听，暗中动了手脚，使杜甫参加的那场科举考试无一人中选。李林甫为此向玄宗皇帝道贺，说这样的考试结果当真证明了野无遗才，证明了陛下是何等之圣明。

落榜考生自不甘心，却也无可奈何。有的人回乡复读，有的人留在长安寻找新的机会。

杜甫就是后者当中的一员，其境遇正如今天怀着满腔热情租住在阴冷地下室的北漂者。盘缠已经耗尽，机会却永远不曾到来。本以为只要挨到下个月，岂料挨过了一年又一年；本以为总会挨到峰回路转，岂料这一路只是每况愈下。

人们总会用"既然冬天降临,春天必不会远"之类的道理来开解自己,却从来不敢认真想过:自然界的春天可以预期,人生的春天却无法预期;没错,人生的低谷往往都有尽头,只不过我们不知道这尽头到底还有多远,也并非所有人都能挨到那里。人们也会在逆境中相信,既然倒霉的事情接二连三,那么未来的日子总该是光明一片;但没有人在买了一篮鸡蛋,接连吃到的都是坏蛋之后,会相信篮子里其余的鸡蛋一定都是好的。

诗人比常人更缺乏理性,信念的支撑力也自然比常人更多一些。

天宝九年,唐玄宗举行祭祀大典,杜甫抓住这个机会写成三篇歌功颂德的赋文呈献给朝廷。命运的转机似乎就此降临了。唐玄宗欣赏杜甫的文采,特地安排宰相在集贤院里亲自考杜甫的文章。这次考试成为杜甫一生中最露脸的一场表现,使他直到晚年依然对此事津津乐道,全不顾"好汉不提当年勇"的人生训诫。

4

然而这终归不是机遇,而是昙花一现的一点点幸运火花。

在集贤院大放异彩之后,杜甫万没想到自己得到的依然只是冷处理,投诗干谒的日子竟然还要继续下去!长安人又何曾想到,这个在饥寒交迫中苦挨岁月的背时者,将会在中国文学史上获得诗圣的殊荣呢。

人若到了这般境遇,真恨不得"只依靠大地的香气而生存,如同植物受着阳光、空气的供养"。病急乱投医,为了生计,只有一再降低道德底线,杜甫甚至托人去走杨国忠的门路。这也是无可奈何的事了,杜甫常年困居长安,已经沦落到与贫民为伍去抢购降价官米的地步,曾以为近在咫尺的远大前程一天比一天更显得遥不可及,人也变得愤世嫉俗起来。

年已不惑的伟大诗人就这样养成了最标准的愤青心态,一如今天的愤青一样,携着取之不尽、用之不竭的负能量开始抱怨起社会的不公。如果诗人有幸接受今天那些人生导师的真诚指点,或许会放弃"致君尧舜上,再使风俗淳"这样过于高远的理想,踏踏实实地找一份足以养家糊口的工作,过一种自得其乐的小市民生活,相信社会上一切所谓不公其实都是合情合理的。做人还是务实一点好,"市侩"这个词虽然听上去有点刺耳,照其标准生活起来其实绝对会愉快很多。

人生有所追求,往往取法乎上仅得其中,取法乎中仅得其下。这几乎是所有人都要经历的轨迹,只要调整一下心态就好,也没什么大不了的。然而杜甫的问题是,取法乎极上而仅得乎极下,理想与现实的反差过于强烈,而性情的执拗与内心的坚守又不容许自己做出过多的妥协。这是一道无解的人生难题,不是渺小个人的任何努力可以解决一二的。

5

年复一年，足足十年的蹉跎，杜甫终于谋得了一个河西县尉的差事。虽然职务低微，毕竟是仕途上的一个起点。任何人只要经历过杜甫所经历过的一切，至此都会生出如获至宝的狂喜。

但杜甫偏偏作怪，不肯赴任，幸好朝廷也没有太为难他，改授他右卫率府兵曹参军的职务。杜甫后来在诗里说："不作河西尉，凄凉为折腰。老夫怕趋走，率府且逍遥。"意思是说，若做了河西县尉，难免要向乡里小儿低声下气，自己在面子上挂不住，而兵曹参军的品级虽然也低，负责的事情虽然也很琐碎无聊，但毕竟不用迎来送往，能给自己保留最后的一点尊严。

以今天的眼光来看，杜甫困居长安求仕十年，所得到的不过是一个基层公务员中的冷门职位。接下来杜甫究竟是会更谋进取还是索性自暴自弃，我们毕竟不得而知，因为就在这个小职位还没有被诗人坐稳的时候，安史之乱突然爆发了。造化弄人，莫过于此。

那段日子里，杜甫携家带口，忙于躲避兵难。待将家眷稍稍安顿下来，杜甫便忙不迭地远赴灵武，寻找唐肃宗匆忙建立起来的临时政府，渴望在危难关头为国效力。舍小家，顾大家，没人比杜甫做得更好。

后人推崇杜甫，除了推崇他的诗歌成就，更将他奉为忠君爱国的典范。多年以来，朝廷只是一直在冷落他，肉食者们也全然不把他的才华、抱负、偃蹇、贫困放在心上，以杜甫如此遭际，不衔恨朝廷、投靠叛军便已经算是高风亮节了，偏偏位卑未敢忘忧国，在受尽了侮辱与损害之后还能不畏艰险，赤心奉献，圣人的境界也莫过于此了。

6

杜甫一生，无论做任何事情都比常人坎坷许多，寻找中央政府的旅途照例不顺。

杜甫深陷沦陷区，被安史叛军俘虏。反讽的是，杜甫虽以栋梁之材自居，叛军却和朝廷一样毫不将他放在眼里，就连看守工作都懈怠得很，终于使杜甫成功出逃，继续自己富有使命感的朝圣路。

终于寻到肃宗朝廷的时候，杜甫已是一身狼狈，几乎要衣不蔽体了。肃宗虽然不觉得杜甫这样的小角色能派上多大的用场，不过还是给了他一个左拾遗的小官做，以奖励他的忠君报国之心。

左拾遗属于谏官,负责向皇帝进谏忠言,以收拾遗补阙之效。乱世用人总会不拘一格,左拾遗官职虽也不高,毕竟天颜咫尺,只要表现够好,有的是破格提升的机会。更何况杜甫微时的故交房琯已经位至宰相,有这条人脉做保障,又何愁没有大好前程呢?

7

然而命运再一次捉弄了诗人。房琯以食古不化的风格指挥了一场覆亡之战,门下琴师董廷兰又倚仗房琯的权势招财纳贿,还在案发之后求得了房琯的庇护。肃宗皇帝盛怒之下,数罪并罚,罢免了房琯的宰相职务。

这样的处罚既非不公,亦非过重,偏偏杜甫很欣赏房琯的为人,于此时此际拿出直言犯上的劲头,忠实履行着左拾遗的职责,认为房琯的罪行可以原谅。

如果说肃宗此前只是盛怒,那么此刻就是抓狂,若不是碍于不可以言论治人之罪的政治传统,这一刻就将是杜甫人生的终结。

诗人的不识时务是可以被我们理解的,肃宗皇帝的愤怒也同样可以获得我们的同情。

无论如何,杜甫的进言也许错了,但一片赤胆忠心绝对可以昭告日月。是的,杜甫无论进谏什么,始终怀着早年"致君尧舜上,再使风俗淳"的梦想,不沾染任何的私情,不掺杂任何的私利。

所以谁也没法苛责他什么,大家都知道他的家人寄居在鄜州,只能在贫病交加里度日,他的幼子甚至险些就饿死了。朝廷索性表现得大度一点,特批诗人回家探亲,反正他在朝廷里是个只会添乱的角色,谁还都拿他没有办法——因为他确实站在了道德的制高点上,他那忠君报国的赤诚足以令所有人相形见绌。

8

战乱年间,得官与弃官都变得容易许多。又是几番波折,杜甫终于离职而去,反正朝廷也不需要他真做什么。但他没资格去做隐士——隐士只对自己负责,为了不与世界同流合污,他们可以忍受贫寒,甚至不介意冻饿而死;杜甫却是有妻儿老小的人,他总不能抛下他们不管,何况他对现实无论再怎样失望,一颗拳拳之心始终不能冷却对朝政大局的关切。

晚年的诗人流落剑南,投奔有通家之好的剑南西川节度使严武。

严武和杜甫虽然贵贱悬隔,却很有几分同病相怜:严武也是房琯的同情者,也和杜甫一样因为房琯事件遭到贬谪。所以,杜甫虽然以赤胆忠心自命,从不拉帮结派,事实上却和严武同属于一个政治阵营。

严武此时坐镇蜀中,拥有开府大权。他有能力重用杜甫,更有足够的清醒和精明来冷落杜甫。所幸严武在生活上并不曾亏待故人,使诗人得以在成都浣花溪搭建草堂,好歹有了一个住处。

虽然这座茅屋经受不起狂躁的秋风,但杜甫还是由茅屋为秋风所破而想到了"安得广厦千万间,大庇天下寒士俱欢颜"。若想到杜甫是在何种情境下写出这样的诗,今天的读者很容易就会联想起周星驰在《喜剧之王》里那句最有泪腺杀伤力的台词:"我养你啊!"

9

悲哀的创痕在你身上刻得越深,你越能容受更多的欢乐。——这样的说辞注定会遭到世俗的讥嘲,但它对于绝少部分人而言却是货真价实的真理。杜甫就是这样的人,只不过他毕竟遗传着杜审言的基因,太小的欢乐就足以令他忘形。

杜甫这样的人,可以做偶像,却绝不可以做朋友。严武念着通家之谊,给流落蜀中的杜甫雪中送炭。若是换做平凡人,要么对此感激涕零,从此任凭恩主驱使,要么则难免生出一点寄人篱下的苦闷，在朋友兼恩主面前总会有些难堪。

　　杜甫不同，焦头烂额的生计问题方才告一段落，狂傲的天性便再也收拾不住了。他对严武真是太不见外，去见严武就像出入自家一样随意，全失了最基本的社交礼数，甚至会在醉酒之后大喇喇地站上严武的床，瞪着严武说："严挺之竟有你这么个儿子！"这样的口气，完全是把严武当成子侄小辈了。

　　严武终于恨得要杀杜甫，这当然也是情理之中的事情。

　　严武从小就是个狠角色，八岁那年就有过持刀杀人的不俗战绩，亲手刺死了和母亲争宠的一位姨娘。只有杜甫看不出严武身上的杀气，这在很大程度上不是源于对严武的了解，而是源于对自己的信心。

　　他始终以为自己立心坦荡，如同一个向着阳光行走的人，地上从来没有任何阴影能捉住自己。所以他想不到自己竟然得罪了严武，而那位被侮辱与损害的封疆大吏此刻正在大门口召集官吏，准备给他扔个罪名，开刀问斩。

10

　　也许真有天意。严武正要出发的时候，帽子一连被门上的帘钩挂住了三次。似乎正是这小小的帘钩以一种奇异的方式阻止了将帅的威武杀伐——就在被延误的这一段珍贵的时间里，严武的母亲及时赶到，按住了儿子刚刚举起的刀斧。

如果杜甫有先知先觉，一定甘愿让严武在此刻杀掉自己。因为他是一个绝对不甘平庸的人，而既然一辈子已是庸碌无成，索性要一个悲壮的收场，总也好过老死牖下，更何况严武的慈悲并没有给自己换来多长的一段生命值。

杜甫最后的岁月照例是在贫病交加里度过的，时而遇上兵乱，时而遇上洪水，时而绝粮累日，在行往岳阳的舟中病逝，时年五十九岁。

他的一切辉煌璀璨都是死后的事情，千秋万岁名毕竟只是寂寞身后事。在沉默之后他才真正开始歌唱，在到达山巅时他才真正开始攀登，在山河大地索取了他的躯体时，他才真正开始舞蹈。如同一株蒲公英，在种子圆熟丰满之后便匆匆交给大风吹散。此时回顾杜甫一生诗作，最觉得他在二十出头时写下的那首《望岳》读来最令人百感交集：

> 岱宗夫如何，齐鲁青未了。
> 造化钟神秀，阴阳割昏晓。
> 荡胸生层云，决眦入归鸟。
> 会当凌绝顶，一览众山小。

写这首诗的时候，杜甫刚刚落第不久。人生的第一次坎坷并不曾稍稍减损他的自信，他继续读万卷书，行万里路，漫游齐鲁大地，登泰山而小天下。他坚信自己"会当凌绝顶，一览众山小"，只是在他五十九年的全部生涯里始终都没有等到。而那些不断冷落他的帝王将相、达官显贵也不曾料及，这个心性偏狭，狂妄放肆的讨厌鬼将会永远地凌驾于自己之上，将自己衬得那样渺小，一如泰山脚下卑微的土丘与草垛。

◇杜甫名字考

　　杜甫，字子美。甫，是对男子的美称，比如孔子名丘字仲尼，便可以称他为尼甫。杜甫名与字相应，皆含有嘉美的意思。

莫愁前路无知己,
天下谁人不识君。

大唐诗人往事
THE PAST
OF TANG DYNASTY
POETS

关键词
边塞诗人

高适·赌场豪侠客

1

如果赌博是一种游戏,那么高适就是最理想的玩家;如果赌博是一门技艺,那么高适就是个中顶尖的能工巧匠。但我相信对于赌博,高适既不认为它是游戏,也不认为它是技艺——他是把它当艺术来看的。

他是赌场里的艺术家,能够在赌徒们的喧嚣中超然物外,赢得一些旁人料想不到的东西。

赢得起也输得起,这是一个好赌徒的最低标准。高适家贫,其实是输不起的,但偏偏赌技甚佳,运气甚好,倒也可以常年混迹于赌坊,钱财在输赢之间来去匆匆,若认真算下来,其实谁也不曾赢过,只是高适的名声渐渐被赌徒们揄扬开来,人们不仅夸他赌品过人,还说他侠骨丹心,更有卓越的才华和见识,绝非池中之物。

高适认真赌博,也认真读书。他虽然出身于基层公务员家庭,但父亲长期在穷乡僻壤里任职,以至家境并不比一般市民更好。改换门庭的唯一希望就寄托在高适身上,而高适的唯一出路就是以知识改变命运,通过勤学苦读一朝金榜题名。

高适的确都在勤学苦读,只是从不愿意参加科举,似乎他对成功的所有热情都在赌场里消耗尽了,而他的全部人生理想似乎也不是中举做官,而是做一名一诺千金、仗义轻生的当代豪侠。高适后来和李白玩得很好,这是不难想见的事情。

2

唐代是科举的天下，科举是人脉的天下。任你如何才高八斗、学富五车，都要带着自己的作品奔走于达官显贵的门庭到处求告，看饱门房的眼色。即便是诗圣杜甫，文豪韩愈，在这种环境里皆不能免俗。

但高适不同。高适向往功名，但同样在意脸面，既不愿意低三下四地拜门求人，索性连科举考试都不参加了。但他并不迂腐，懂得另开蹊径，在赌徒里树立声名，一旦有了声名，自然会有达官显贵主动来接纳自己。

一件商品若想获得好价钱，一定要吊起来卖，高适深谙这个道理。当然，懂得这个道理的人在唐朝已经太多，但大家走的都是终南捷径，先到长安附近的终南山上当个隐士，摆出超然脱俗、不屑与世俗为伍的姿态，然后静等朝廷的礼聘。

而正如现代的精明商家所懂得的，走无数人走过的路很难成功，全然的创新同样很难成功，性价比最高的办法是在无数人走过的路上做一点小小的创新。高适所做的，正是这样的事情——终南山不是他的捷径，长安城里的大小赌坊才是。

3

有了声名，人脉就会自动找上门来，高适也就如愿以偿地考中有道科，授职封丘县尉。

县尉是个混吃等死的理想岗位，很适合那些既无政治理想亦不介意丧失尊严的庸碌之辈，有时要点头哈腰地迎接长官，有时又要逞逞威风，吆喝衙役们鞭打各种刁民。这样的日子当然不是高适能挨下来的，幸好他有机会到边塞公干，因此写下了一些极出色的边塞诗歌。

边塞诗是高适诗歌的最大成就，边塞生活却只是高适仕途生涯中的一个小过场而已。大漠孤烟惊散，回过头来依旧是"拜迎长官心欲碎，鞭挞黎庶令人悲"的苦闷日子。他终于干不下去了，毅然辞去公职，再入长安，寻找新的机会。

然而那时读书人唯一的机会就是做官，高适要寻找新的机会，无非是寻找新的官位罢了。那正是藩镇幕府延揽人才的时候，名臣哥舒翰听说了高适的才名，请他去做幕僚，但这样的恩遇实在太委屈高适了。

4

高适读书，不重儒术，更偏爱苏秦、张仪的纵横之术，很以经邦济民的才干自负。后来他进入中央政府，担任谏议大夫，议论朝政的时候无所避忌，不给任何人留情面。我们似乎从他身上看到了一点李白和杜甫的影子，但高适是个真正有政治眼光的人，他的意见无论有多辛辣，但从来都是中肯务实的。也正是因为这个缘故，权贵们虽然畏忌他，憎恶他，一时却也拿他没有办法。

在我们把高适的人生看到这里的时候，熟知官场规则的读者一定可以毫不费力地推测出：高适一定会离开中央政府到地方任职的，而且去的一定是最难治理的地方。是的，蜀中大乱的时候，高适去那边做了刺史，后来一直做到西川节度使的高位。

对于一个诗人而言这简直是不可思议的政治成就，所以《新唐书》本传说高适原本不是诗人，五十岁方才写诗，才一写诗就写出一流高手的水准。

这样的记载虽然也会令人称奇，却总比真实状况更加合理一点。

5

高适曾经和李白、杜甫都有交游，三人一同游玩开封名胜，慷慨悲歌，临风怀古，将酒气、豪情与诗情发挥得淋漓尽致。今人会认为能陪诗仙、诗圣同游实在是高适莫大的荣幸，这当然只能是后人的眼光，在三位诗人的有生之年，李白、杜甫对高适的仕途际遇恐怕羡慕都来不及呢。

高适的诗歌很有几分侠气，最为传世的那首《别董大》在今天读来便不免令人遐想：假如古龙笔下的阿飞会写诗，这首诗分明应该是阿飞写给李寻欢的：

> 千里黄云白日曛，北风吹雁雪纷纷。
> 莫愁前路无知己，天下谁人不识君。

写这首诗的时候，高适尚且偃蹇酒肆，酒钱常赊，但性情竟一点没有被世俗压得卑下、猥琐，而高适所送别的这位董大其实却当不起诗中的这番豪言壮语。

唐人称谓，惯例是依据同族当中的兄弟排行。所谓董大，即董氏同族兄弟中年纪最长的那位。唐人赠别诗常常如此称呼，即便被赠之人姓王且排行第八——贾至有一首赠别诗，题目就叫《巴陵夜别王八员外》，王八员外并不以为忤，因为"王八"要晚到五代才成为骂人的话。

董大是当时一位顶尖的琴师,也就是前文介绍杜甫的一章里,那位做了宰相房琯的门客并仗势敛财的董廷兰。董廷兰是被诗人李颀推荐到房琯那里的,李颀的性情很像高适,他的推荐信是一首诗,即《听董大弹胡笳声兼语弄寄房给事》,这首诗后来成为李颀的传世名篇之一。诗里夸赞董廷兰说"董夫子,通神明,深山窃听来妖精",然后恭维房琯是个不爱名利爱艺术的高人,"高才脱略名与利,日夕望君抱琴至",这样的高人怎么会薄待一位琴艺通神明的乐师呢?

董廷兰果然成为房琯门下的第一红人,以至不但连累了恩主,还间接使杜甫遭殃。李颀、高适、杜甫,三人都是唐代的第一流诗人,看来诗人之言可以感佩,却还是不要轻信的好。

◇高适名字考

高适,字达夫。"适"的意思是"往""到",名与字含义相应,表示"到而能达"。名与字联系起来,会给人"一生顺遂,无往而不至"的感觉。

大唐诗人往事
THE PAST
OF TANG DYNASTY
POETS

远物皆重近皆轻,
鸡虽有德不如鹤。

关键词
文质彬彬

鲍防·被遗忘的诗坛宗主

1

"行尽江南塞北时,无人不诵鲍家诗",这是同时代的人对鲍防的奉承,说鲍防的诗句已经到了举国争诵的热度。鲍防死后,为他撰写碑文的人盖棺定论,说当时写诗的人都以鲍防为宗师。即便将这些话打掉可观的折扣,无论如何也该承认鲍防是当时的诗坛名宿了。

天可怜见,今天除了专业研究者,没有人记得鲍防的名字,更没有人记得他的哪怕半句诗。

鲍防的诗名并非今天才衰落的,以《全唐诗》竭泽而渔的搜编手法,也不过收录了鲍防的八首诗歌以及参与过的三次联句。文学史大浪淘沙,鲍防生时的金转眼变成死后的沙,这样的遭际并不止他一人过。

2

人们尊重鲍防,首先因为他是一位正直而干练的官僚,人们爱屋及乌,也就喜爱他的诗了。

鲍防写诗总要端着儒家诗教的架子,文辞不能太华美,否则"文胜质则史",这是孔子批评过的;就算做不到"文质彬彬"的君子派头,那就宁可"质胜文则野"——用现代语言来讲,就是宁可使内容高于形式,不可使形式高于内容。可想而知,今天喜欢小清新、小文艺的读者一定不会喜欢鲍防的诗。

虽然从仅存的八首诗里很难挑出所谓代表作,但我还是觉得鲍防的《杂感》是值得一录的:

> 汉家海内承平久,万国戎王皆稽首。
> 天马常衔苜蓿花,胡人岁献葡萄酒。
> 五月荔枝初破颜,朝离象郡夕函关。
> 雁飞不到桂阳岭,马走先过林邑山。
> 甘泉御果垂仙阁,日暮无人香自落。
> 远物皆重近皆轻,鸡虽有德不如鹤。

这首诗是儒家传统里的政治讽喻诗,但如果不仔细体会,便很难察觉诗句里有多少讽喻的意思,更察觉不到这些貌似平和的诗句里所涉及的"当代史"其实就是天塌地陷一般的安史之乱。

诗歌先是烘托唐玄宗开元、天宝年间的盛世景象,那时候天下承平,万国来朝。然而玄宗皇帝在太平盛世里耽于享乐了,大花人力物力为杨贵妃运送荔枝,殊不知祸福相倚,一场大祸毁掉了一切,曾经的宫观楼台转眼间物是人非。最后两句直接发出议论,归纳出来的也无非是俗语所谓远香近臭的道理。

让我们对比一下，白居易写这个题材，说的是"渔阳鼙鼓动地来，惊破霓裳羽衣曲"，杜牧发这等议论，说的是"一骑红尘妃子笑，无人知是荔枝来"。诗歌的表现力就是来自如此这般的夸张、对比，以及一切足以惊心动魄的修辞，非如此则无法令人印象深刻。鲍防将一段波澜壮阔的帝王兴衰史写得简直像是谢灵运、王维的山水小品。严肃认真的儒家学者会赞赏他，自重身份的政坛耆宿会赞赏他，然而或多或少怀着"小市民趣味"的广大文艺青年在这样的诗歌面前都会直接无视的。

鲍防是希望在淡言淡语之后令人掩卷沉思，但思考对于诗歌只是不必要的奢侈品，一首诗要想流行开来，总需要那种一针见血的警句，需要直指人心的力量：说社会要说"朱门酒肉臭，路有冻死骨"，说感情要说"人生若只如初见"，就算纯写风景也要说"飞流直下三千尺"。鲍防的诗，不是诗人的诗。

◇鲍防名字考

鲍防，字子慎，人如其名，一生皆以儒者操守对这个世界上的各种险恶诱惑审慎地提防着。家长为他取这个名字，显然是希望他能够恪守各种规范，以退守而非进取的姿态小心前进。

惟羡西江水，
曾向金陵城下来。

大唐诗人往事
THE PAST
OF TANG DYNASTY
POETS

关键词
茶圣、弃儿

陆羽·一茶一世界

1

此前介绍过的诗人,无论家世显赫或卑微,总还是有个家世背景的。陆羽却例外,他是个随河水漂流的弃儿,连生身父母姓甚名谁都不知道。有好心的僧人将他收养在寺庙里,他却偏偏执念于血缘天伦,不愿意在出家的禁欲生活里做一个"不孝有三,无后为大"的人。

陆羽的人生是以逃亡为始终的,也许是因为他太恐惧被抛弃的滋味,所以宁愿自己主动跑开。他从收养他的寺院里逃走,与优伶们混在一起,在戏台上插科打诨,博人一笑。那时候人们发现这个孩子虽然相貌丑陋,还有点口吃,却实在有过人的喜剧才能。假如那时候的演艺界能有今天这般发达,陆羽很可能会成为一代谐星。

当然,他的成就一定不止于此。

他是一个爱学习、爱归纳的人,很有理论家的潜质。

搞笑演出期间,他凭着在寺院里接受过的那一点极粗浅的文化教育,写下了一篇题为《谑谈》的万言长文。那时候的演艺界人士属于社会底层,即便再有名有利,也大多是文盲或半文盲,陆羽以理论专著大大露了这么一手,这简直令同行们心生敬畏了。

这样的人才,想不崭露头角都难。

2

喜剧演员陆羽毫无悬念地得到了提拔：那是唐玄宗天宝年间，官府任命陆羽来做优伶们的老师。在普遍歧视演艺圈的那个年代，这个任命属于矬子里拔将军的明智之举；而对于一名毫无家庭背景的无志青年，这份差事也实在是一个不错的营生。

但是，陆羽又逃走了。

不吃已经到手的官饭，这对于底层青年来说不知道需要多大的勇气和自信。

也许是因为年纪增长，陆羽身上文艺青年的忧郁气质渐渐压过了滑稽天性。他不愿再绞尽脑汁逗人发笑，只想找一处风花雪月的小资场所，望着头顶的白云或脚下的溪水发发呆，然后关起门来读几本闲书，找三五好友聊天喝酒。

今天常有人说纳兰性德那样的生活是小资的典范，其实那是贵族式的闲情逸致，陆羽才真正算小资的始祖。

3

苕溪发源于天目山，注入太湖。溪流两岸多有苕花，秋风起时漫天散如飞雪。再难找出一个地方比苕溪更适合陆羽的气质，而逃亡后的他果然就在这里住了下来。此时的陆羽，已经从一个善于戏谑的优伶摇身一变成了一名高洁优雅的隐士。虽然貌丑和口吃依旧，但似乎一切都不同了。

陆羽的苕溪生活具有行为艺术家的表演风范，尤其引人注目的是，他常常旷野独行，长久而忘情地吟诵古诗，往来徘徊，直到月亮落下山去，他便一路号啕着回家。人们将他比作楚狂接舆，就是以狂歌笑话过孔子的那个楚国人。

就是在这样的生活里，陆羽培养出了后来使他名垂万世的独特爱好：喝茶。

唐人的喝茶习惯和今天大不相同，那时候几乎把茶当药来喝——不是冲泡，而是熬煮；不是单单煮茶，而是要把茶混合着葱、姜、盐、陈皮、薄荷之类的东西一起熬煮，所以煮出来的东西不叫茶水而叫茶汤。

那时候煮进锅里的茶也并非如今天这样的茶叶，而是茶饼（今天就只有普洱茶仍然保持着茶饼的传统了）。假如我们乘坐时间机器回到唐朝接受茶汤的款待，我们一定觉得那是一种有中药味道的奇怪饮料，无论如何也不是茶。

直到宋代才从煮茶变为点茶，而我们今天的喝茶方式其实是晚到明朝才确立下来的。陆羽虽然被公推为茶圣，但到底还在煮茶的传统里，哪怕是他亲手烹制的一碗茶汤，在今天看来也是有点令人望而生畏的。

4

无论如何,陆羽第一个发现了茶的纯粹之美。

一碗好的茶汤,意味着更多地发挥茶的本味,少用五花八门的作料来干扰它。

当然,富于小资趣味的茶圣当然不只是一个雕琢滋味的大厨,他讲究茶、水、火、器四者的完美配合,使从煮茶到饮茶的一整套流程成为一场娱人娱己的行为艺术的表演。而陆羽也继续发挥了自己那理论家的天赋,总结煮茶要领,写作《茶经》三卷。

正是因为有了陆羽的这些努力,当时才渐渐兴起了喝茶的风气。

那个时候靠隐居成为名士的人有很多,但还没有靠煮茶成为名士的人。陆羽作为史上第一位煮茶名士,难免会遭遇一点尴尬。御史大夫李季卿到江南就任宣抚使,听说了陆羽的名声,便派人召他前来。陆羽穿着乡下人的衣服,提着全套茶具来到衙门,然而李季卿在欣赏过茶圣亲手烹制的茶汤妙品之后,做了一件在今天看来似乎该做的事情:叫来奴仆付给陆羽三十文茶钱。

朝廷大员并不白吃白喝,这种廉洁自律的操守很值得鼓励,但陆羽是以士君子自居的,君子之交淡如水,给钱就等于不给面子,就等于将自己只当作一名卑贱的茶贩子看待。何况三十文买茶倒也不失厚道,但茶艺又哪里是区区三十文就可以买下的!这位李大人不但低看了自己，也实在是个不懂风雅的人啊。

自尊心大受挫伤的茶圣回家之后写了一篇《毁茶论》，痛悔自己失身于茶道。

5

古代社会讲究尊卑秩序，"万般皆下品，惟有读书高"，不要说山野村民陆羽，就算是有官职在身的名画家阎立本，也因为画家身份而被皇帝当作下人呼来喝去，以至私下叮嘱子孙千万只要读书，不要学艺。在这样的时代大背景里，李季卿倒也不是故意为难陆羽。他的《毁茶论》幸好也只是一时的激愤语，否则中国人喝茶的口福恐怕要推迟许多年了。

陆羽会著书，会写诗，士君子的基本素养一样不缺，而能否得到士君子应得的平等对待就要看机缘了。古时画师（如顾恺之）、琴师（如董廷兰）、茶师（如陆羽），哪怕是一代宗师，难免也要仰人鼻息地过日子。陆羽后来投靠了鲍防，正如董廷兰投靠房琯一样。

陆羽的诗写得潇洒，只是在社交场合与人联句最多，独立创作较少。可见诗歌于他而言既不算什么艺术创作，也不是抒发心志或排遣苦闷的工具，只是社交技术之一种而已。在少量独立成篇的作品里，《歌》是最像陆羽本人的：

不羡黄金罍，不羡白玉杯。

不羡朝入省，不羡暮入台。

惟羡西江水，曾向竟陵城下来。

这首诗文辞淳朴到了极致，简直有点像大白话了，但闲云野鹤的气质若非这般朴实无华的修辞则不足以传达。他羡慕的只有水，因为他的生命只是茶。

◇陆羽名字考

陆羽，字鸿渐。陆羽是个弃儿，不知父母是谁。稍稍长大之后，他用《周易》为自己占卜，占得的爻辞是"鸿渐于陆，其羽可用为仪也"（大意是说大雁落到了地面，它的羽毛可以供礼仪之用），于是命名自己姓陆，名羽，字鸿渐。小说《围城》主人公方鸿渐的名字常被认为取自和陆羽一样的爻辞，其实《周易》渐卦有"鸿渐于陆"的爻辞还有一条是"鸿渐于陆，夫征不复，妇孕不育"，大意是说大雁落到了地面，丈夫外出不归，妇女有孕而未能生育。是这条爻辞，而非陆羽那条，应当才是方鸿渐名字的来历。

一朝凤去梧桐死，
满目鸱鸢奈尔何。

大唐诗人往事
THE PAST
OF TANG DYNASTY
POETS

关键词
刻薄、仙去

顾况·沦为绿叶的一朵红花

1

十六岁的白居易来长安寻梦,未能免俗地带着自己的诗卷到处投献给文坛前辈。当时的长安文坛,以顾况名气最响,如果能得到这位前辈的赏识,以后不愁不顺风顺水。

顾况性情诙谐,拿白居易的名字取笑说:"长安物价太高,居住下来可不易啊!"待读到白诗"野火烧不尽,春风吹又生"时,立即改容变色:"有这样的高才,住在长安可一点都不难!"

就这样,因着顾况的揄扬,白居易一夜成名。

今天我们知道顾况,几乎都是因为白居易。这位当时的文坛泰斗早已在岁月的淘洗下沦为白居易人生旅途中的第一片绿叶,沦为文学史上一个跑龙套的角色。

但在当时,顾况可是大大有名的。直到宋代,严羽在中国文学评论史上的顶尖著作《沧浪诗话》里还在说顾况的诗在元稹、白居易之上,有盛唐气象。

2

顾况的名声在很大程度上得益于他的性情。

他性情诙谐,诙谐得近乎刻薄,所以常发一些很得罪人的妙语。

当时朝廷官员以北方人为主，常常拿南方官员的"小语种"打趣。偏偏北方是文化中心，南方有欠发达，所以在原本并无恶意的打趣里，北方人不免带点傲慢，南方人也不免觉得自尊受伤。于是南方官员以诗歌为武器，打了一场捍卫家乡荣誉的地域反击战。

绍兴人贺知章号称"四明狂客"，率先发难："钑镂银盘盛蛤蜊，镜湖莼菜乱如丝。乡曲近来佳此味，遮渠不道是吴儿。"这首诗的大意是说：蛤蜊和莼菜都是我家乡的特产，在长安的上流社会也很流行；你们这些北方人在宴席上吃着蛤蜊和莼菜的时候，怎么就不挑剔说它们是南方的产物呢？

顾况是苏州人，原本就与贺知章交好，在地域反击战里更是义不容辞地做了后者的盟友。顾况写诗，远不似贺知章那般厚道："钑镂银盘盛炒虾，镜湖莼菜乱如麻。汉儿女嫁吴儿妇，吴儿尽是汉儿爷。"诗的前两句还是承接贺知章的口吻来说的，接下来的两句简直形同骂娘：我们这些南方汉子来到北方，娶的老婆是北方人，生的儿子算北方人，我们南方人算来是北方人的爹啊！

即便在今天网络上最常见的地域攻击里，顾况这种手段也要算最下作的一种了。这样的人当然会很受排挤，顾况也正好看不上那些平庸木讷的同僚。他是个执意修仙的人，索性找个道教圣地潜心修炼去了。

3

文人写诗，有的是抒发政治抱负，有的是感怀民间疾苦，有的是怅惘一段求之不得的男女之情，只有顾况写诗似乎专门是为了得罪人的。他最得罪人的一首诗还不是"吴儿尽是汉儿爷"那首，而是《海鸥咏》：

> 万里飞来为客鸟，曾蒙丹凤借枝柯。
> 一朝凤去梧桐死，满目鸱鸢奈尔何。

这首诗字面上是写一只海鸥从万里之外飞来，在凤凰的帮助下找到了一处栖身之地，无奈凤凰离去了，梧桐树也枯萎了，满眼看到的只是猫头鹰一类的恶鸟，这样的日子可怎么过啊！

海鸥是顾况的自喻，凤凰是指唐代名臣李泌。李泌是一位半官半隐的高士，顾况当初拜他为师，向他学习道教吐纳之法。虽然有这一番师生之谊，虽然李泌一度权倾天下，但顾况并未因此捞到太多的好处，只熬到了著作郎的小职位罢了。

但毕竟有李泌这层关系，任顾况如何尖酸刻薄，旁人也只好忍着。待到李泌去世，顾况失去了唯一的保护伞，同僚们便公然给他脸色看了。顾况以"满目鸱鸢"讥刺满朝文武，得到的回应就是被纪律部门弹劾，贬官去了江西。

4

顾况原本对仕途很有期待，幻想做个高官，但尖酸刻薄的性格实在害苦了他。

眼看着新人不断冒头，顾况不禁牢骚满腹，为诗歌注满了负能量。

《赠僧》是典型的一例，通篇貌似哀叹某位僧人的遭际，其实是以他人之酒浇自己胸中块垒：

> 出头皆是新年少，何处能容老病翁。
> 更把浮荣喻生灭，世间无事不虚空。

好在顾况精通吐纳功夫，纵是官场混不下去，总还可以修炼成仙的。这样的心态，真是与李白如出一辙。于是顾况举家迁居茅山，研究炼金术，朝拜北斗星，一番修炼后也终于有了成果——据史料称，顾况晚年已经身轻如羽，离升天不远了。

后来顾况的儿子顾非熊赴长安应考，及第之后立即回家，想赶紧将这个喜讯告知父亲，却不料父亲已经踪迹全无。有人说顾况得到了长生诀，成仙而去，但倘若我们不接受神仙之说，大约可以推测顾况是患了老年痴呆，在山里走失了。

越是聪明的人越容易患老年痴呆，顾况是绝对聪明的。

◇顾况名字考

顾况,字逋翁。"况"原本是"況"的俗字,也就是说,原本正确的写法应当是"況",后来大家将它简写成"况",久而久之也就约定俗成了,现在反而"況"字几乎不被使用了。"況"的本义是"寒冷的水","逋翁"的意思是"逃跑的老翁"。按照名与字意思相关的规矩,顾况的名字有隐遁林泉的含义。

汉家青史上,
计拙是和亲。

大唐诗人往事
THE PAST
OF TANG DYNASTY
POETS

关键词

和亲

戎昱·在政治正确的路线之外

1

边疆接连告急,唐宪宗召开高层会议,要商量一个解决办法出来。老成持重的大臣们集思广益,一致认为和亲才是上策。

唐宪宗不置可否,忽然顾左右而言他:"最近听说了一个诗人,姓名很少见,一时忘记他到底叫什么。"

宰相答道:"是不是冷朝阳,或者包子虚?"

宪宗摇头道:"朕记得那人的《咏史》诗:'汉家青史上,计拙是和亲。社稷依明主,安危托妇人。岂能将玉貌,便拟净沙尘。地下千年骨,谁为辅佐臣。'"吟咏一番之后,宪宗笑道:"魏绛何等懦弱无能!写这首诗的人倘若健在,该把武陵桃花源赏给他,这才配得上他的好诗。"

宪宗当然不是在谈文学,而是在给边疆政策定调子。《咏史》诗的大意,是说汉人历史上的所有国策里,最糟糕的就是和亲政策;国家安危只能仰仗英明的君主,哪能寄托在女人的身上呢;历史上竟然有那么多将相大臣赞成和亲,真不配作为国家股肱啊!

至于宪宗提到的魏绛是春秋时期的晋国大臣,是中国历史上最早提出和亲政策的人。宪宗如此褒奖《咏史》诗的作者,如此贬低魏绛,那些提议和亲的大臣就该从此住口了。天下人也从此知道了这首《咏史》,知道了它的作者戎昱——原本不甚出名的一位诗人。

2

戎昱是李白、杜甫的同时代人，遭际也同样坎坷，不过心态却豁达许多。

戎昱年轻时也去长安考过科举，落榜之后既没有再接再厉，也没有自怨自艾，索性不再在科场里浪费青春了，从此纵情周游天下名城。

戎昱家里并不宽裕，他的周游比今天的穷游好不了很多。好在他天生一副好风度，兼之谈吐可人，哪怕他已经穷到发窘，你也会猜测他一定是个不拘小节的贵族。

戎昱就是这样一个人，虽然是个货真价实的穷人，却没有一丁点的穷酸相。所以戎昱处处都受人喜爱，在崇尚交游的大唐，他真的可以畅行无阻。

3

行路多自然见识广，何况戎昱也是安史之乱的亲历者。

将安史之乱下的社会动荡如实地写进诗里，这方面的确以杜甫的艺术成就最高，但若单说诗歌的思想深度，戎昱其实还要超过杜甫一些。后人推崇杜甫而淡忘戎昱，一方面是因为艺术造诣之别，另一方面却是因为杜甫的现实主义诗歌无论怎么揭露现实，都还在"政治正确"这条康庄大道上，而戎昱的诗往往就不那么"政治正确"了。

戎昱的诗，触及了唐王朝最不愿面对的问题：安史叛军祸害百姓，官军也一样祸害百姓；为了平定安史之乱，唐王朝请来了能征善战的回纥骑兵，而这些友军比安史叛军和官军更能祸害百姓。戎昱亲眼看到了战乱的一切，写下《苦哉行》五首，一点也没有为大唐王朝遮羞的意思，完全缺乏"大局意识"：

> 彼鼠侵我厨，纵狸授梁肉。
> 鼠虽为君却，狸食自须足。
> 冀雪大国耻，翻是大国辱。
> 膻腥逼绮罗，砖瓦杂珠玉。
> 登楼非骋望，目笑是心哭。
> 何意天乐中，至今奏胡曲。

这是《苦哉行》的第一首，是说老鼠在我家厨房为患，我拿鲜肉请狸猫来帮我灭鼠，狸猫虽然消灭了老鼠，却不比鼠患更让我省心，胡人在中原飞扬跋扈，我们对这样的胜利却真的笑不起来。

第二首将视角收窄，写一名大家闺秀的遭遇：

> 官军收洛阳，家住洛阳里。
> 夫婿与兄弟，目前见伤死。

二一九

> 吞声不许哭,还遣衣罗绮。
> 上马随匈奴,数秋黄尘里。
> 生为名家女,死作塞垣鬼。
> 乡国无还期,天津哭流水。

这首诗是写官军和回纥友军一起收复了洛阳,洛阳的一位大家闺秀还没来得及欢庆胜利,就被回纥人掳走,再也没可能回到故土了。丈夫和兄弟早已在战乱中或死或伤,没有人可以挽救自己的不幸,自己却被迫艳装打扮,强作欢颜,侍奉那些胡人,眼泪只能偷偷地流。

> 登楼望天衢,目极泪盈睫。
> 强笑无笑容,须妆旧花靥。
> 昔年买奴仆,奴仆来碎叶。
> 岂意未死间,自为匈奴妾。
> 一生忽至此,万事痛苦业。
> 得出塞垣飞,不如彼蜂蝶。

这是第三首,接续上一首的诗意,描写那名女子抚今追昔,当初太平时节家里买过西域的奴仆,却哪里想到自己如今要被掳到西域给胡人做婢做妾了。第四首和第五首继续以这名女子的口吻叙说:

> 妾家清河边,七叶承貂蝉。

三〇

身为最小女,偏得浑家怜。
亲戚不相识,幽闺十五年。
有时最远出,只到中门前。
前年狂胡来,惧死翻生全。
今秋官军至,岂意遭戈鋋。
匈奴为先锋,长鼻黄发拳。
弯弓猎生人,百步牛羊膻。
脱身落虎口,不及归黄泉。
苦哉难重陈,暗哭苍苍天。

可汗奉亲诏,今月归燕山。
忽如乱刀剑,搅妾心肠间。
出户望北荒,迢迢玉门关。
生人为死别,有去无时还。
汉月割妾心,胡风凋妾颜。
去去断绝魂,叫天天不闻。

诗中这名女子自述一生经历:自幼如何被家人百般宠爱,又如何过着大门不出、二门不迈的深闺生活,一点不知道外面的世界已经天翻地覆了。前年叛军到了这里,自以为在劫难逃,谁知道却意外地保全了性命;今年官军来了,本以为终于等来了太平,谁知道自己却落入了虎口。回纥人是官军的前锋,猎杀中原百姓来取乐。

回纥人终于要返回西域了，而自己也要随着他们一同西去，曾经的千金之躯将在腥膻遍地的异乡被人作践。

对于大唐王朝而言，这样的诗真是打人打到脸的。

4

戎昱后来做过幕僚，也做过地方官，在政坛上始终都是无足轻重的角色。他对时局过于不留情面的针砭与思考总要等时间冲淡伤口之后才能被人们重视起来。唐宪宗给了戎昱迟来的荣誉，对于戎昱这样的人而言，获得这种得自意外的殊荣已经算十足的幸运了。

戎昱的诗，反而是一些写景状物的篇章最为流传，比如那首《早梅》：

> 一树寒梅白玉条，迥临村路傍溪桥。
> 不知近水花先发，疑是经冬雪未销。

这首诗很有小清新格调，最后两句直到今天依然为人们熟悉，只是许多人未必叫得出诗歌作者的名字。人人需要正能量，那些沉重的、直面现实的、令人深思且有伤虚荣心的作品从来都不会流传得太广。

大唐诗人往事
THE PAST
OF TANG DYNASTY
POETS

一女不得织,万夫受其寒。一夫不得意,四海行路难。

关键词
强盗、叛逆

苏涣·强盗诗人

1

诗人总有武侠梦，幻想自己"十步杀一人，千里不留行"，潇洒仗剑，"托身白刃里，杀人红尘中"，但真正带着凶器出门杀人放火、打家劫舍的诗人实在不多，苏涣就是其中的佼佼者。

苏涣原先是个愤青。一般意义上的愤青总爱嘴上发发牢骚，并不敢真的到社会上以行动发泄不满。但苏涣是愤青里罕见的行动家，他练就了一身好武艺，在巴蜀一带往来剽掠，抢劫客商们的金银财宝。

苏涣竟然还很有品牌意识，特意打造了一种白色的弩箭作为自己的招牌式武器。被劫客商一见白弩，便知道来者就是大名鼎鼎的强盗苏涣。客商们还给苏涣取了一个很霸气的名号：白跖。跖就是春秋时期第一有名的强盗，史称盗跖。苏涣既被比作盗跖，显然已经成为当时盗贼界的头面人物了。

2

也不晓得究竟发生了怎样的变故，大盗苏涣忽然弃武从文，折节读书了。

能者无所不能，苏涣很快学业有成，甚至考中科举，就连做官也做得风生水起，屡屡升迁，一直做到侍御史的职位，也许做官和做贼的本领是相通的吧。

苏涣的仕途已经顺利过太多的诗人，但正如许多励志读物里所鼓吹的：你唯一要战胜的对手就是你自己。苏涣的志向实在太高远了些，所以虽屡获升迁，自己总觉得仕途失意，以至发出李白、杜甫那样的悲鸣。

苏涣的诗，最有名的是《变律》十九首，通篇古风，毫不雕琢文采。这十九首如今仅存三首，其中最著名的一首是：

> 养蚕为素丝，叶尽蚕不老。
> 倾筐对空林，此意向谁道。
> 一女不得织，万夫受其寒。
> 一夫不得意，四海行路难。
> 祸亦不在大，福亦不在先。
> 世路险孟门，吾徒当勉旃。

这首诗的核心在于"知几"，即洞察事物发展的萌芽状态。最警策的句子是中间四句："一女不得织，万夫受其寒。一夫不得意，四海行路难。"意思是说如果你看到天下有一个女人无法织布，那么你不要轻易把这当成个案，因为很可能会有很多女人有同样的遭遇，使成千上万的男人因而缺少御寒的衣物；如果你看到天下有一个男人处处碰壁失意，那么你不要轻易把这当成个案，因为很可能会有很多男人有同样的遭遇，天下虽大，哪里都没有英雄用武之地。

这的确是很高明的见地，问题是对于苏涣自己而言，"一夫不得意，四海行路难"完全可以解读成另外一种意思：既然我一直得不到朝廷的重用，那我就让天下人陪我一起倒霉！

3

事实上苏涣正是这么做的，他在广州、交州煽动刺史哥舒晃发动叛乱，给了安史之乱后喘息稍定的唐王朝一记重拳。杜甫曾经颂扬苏涣"致君尧舜付公等，早据要路思捐躯"，这真是莫大的期许，可惜苏涣既不觉得这是夸张，杜甫也一向缺乏识人之明。

俗话说"秀才造反，三年不成"，这话不适合用在苏涣身上。苏涣虽然又读书，又写诗，又做官，但只是个半路出家的秀才，骨子里始终是个强盗。只是他终于犯下了诗人最爱犯的错误，即高估了自己的雄才大略。最后叛乱失败，苏涣被唐王朝明正典刑，身后还戴了一千多年乱臣贼子的帽子。

青箬笠,绿蓑衣,
斜风细雨不须归。

大唐诗人往事
THE PAST
OF TANG DYNASTY,
POETS

关键词
隐居、渔歌

张志和·中唐第一隐士

1

浪花有意千重雪,
桃李无言一队春。
一壶酒,一竿身,
快活如侬有几人。

一棹春风一叶舟,
一纶茧缕一轻钩。
花满渚,酒满瓯,
万顷波中得自由。

这两首诗并不是张志和的作品,而是南唐后主李煜在做皇子的时候模仿张志和的《渔歌子》而作的。那时候一场宫斗大戏正在上演,李煜太受哥哥的猜忌,于是为了保全性命,他秘密求助于在宫廷里担任供奉的卫贤。

卫贤以画闻名,尤其擅长楼台人物,但他忽然避开了自己的长项,画了一幅大有山水隐逸之风的《春江图》;早有准备的李煜当即在图上题了两首《渔父》词,就是这"浪花有意千重雪",云云,然后大张旗鼓地令宫人传唱开去。

当宫人们欢快地唱着"一壶酒,一竿身,快活如侬有几人"的时候,谁能体会李煜那份苦涩的心迹呢?正因为逃不脱宫廷,所以他才装出渔父一般的隐逸之趣；正因为郁郁寡欢，所以他才张扬出"快乐"的歌词。

每个混迹政坛的人都学过自污的技巧，那些不得其法的人或早或晚都会被淘汰出局。险恶的宫廷逼得年轻的李煜过早地学会了中年政客的伎俩，招招摇摇地纵情于山水酒色，对那些"没出息"的言行，不但不去遮掩，反而要大张旗鼓地曝之人前。他要借此告诉哥哥：我只是一个宫廷中的隐者，我只要诗，要酒，还要镇日的逍遥；我喜欢无度地挥霍，因为我"志仅此尔"。

《渔歌》这个体裁创自唐代诗人张志和，本来当真是快活的渔歌，但真正快乐的人从来不会像李煜这样露骨地表达自己的快活。正如庄子对万顷波涛的憧憬，"相濡以沫，不如相忘于江湖"，真正快乐的人总会忘记自己的快乐。不快乐的李煜极力想把自己伪装成快乐的张志和的样子，其实张志和也未必真的快乐。

2

张志和原名张龟龄，少年奋发，胸怀大志，十六岁便考中了明经科，向唐肃宗献策，陈述自己对国家大事的见解。唐肃宗很喜欢他，帮他改名为"志和"——这个出自《论语》的名字代表了儒家君子的理想风范。

也许是少年得志、自信爆棚的缘故，张志和很快便跌了跟头，不知因为什么错误被贬出了朝廷。对于真正有政治野心的年轻人来说，这样的小小打击恰恰是磨炼自己的一次良机；对于自视过高、自尊心过分敏感的人来说，这样的遭遇足以使自己一蹶不振，从此破罐子破摔；但张志和例外，这个机缘竟然使他看破红尘，从此作了一名烟波钓徒，隐居不仕。

隐士有很多种。最令人羡慕的是王维和白居易那样的半官半隐，拿着朝廷的丰厚薪俸却不做事，在豪宅里优游卒岁；最龌龊的是卢藏用那种以隐居为博取名声的手段，有了名声之后就要出山做官；最难做的是伯夷、叔齐那样的深山隐士，只能靠野菜度日，吃不上野菜的时候就会饿死。张志和比较折中，做了个真正的穷隐士，但并不逃到深山老林里去，只是稍稍离世人远一点，在郊区安了家。不知道他之前有没有认真想过：做隐士要经受的磨难并不比做官更少。

3

对于比较纯正的知识分子来说，生活穷一点其实算不了什么，正所谓君子固穷，达人知命，而面子才是最要紧的。

当然，在市侩风气里，在笑贫不笑娼的社会大潮里，穷和面子高度相关，人一旦穷了，自然就没有面子。古之君子当然不会这么看问题。穷有什么可鄙的，原宪、颜渊这等圣人的卓越门徒不都是衣不蔽体、食不果腹的穷人吗？只要没有老婆天天在耳边碎碎念，穷一点实在不算什么。

面子最要紧，而要维护面子，并不需要钱，只需要一定程度的社会地位。前文讲过隐士陆羽因为被李季卿大人赏了茶钱而备觉受辱的故事，因为陆羽身上没有功名，长官完全可以把他当作普通百姓对待。

张志和与陆羽很有些交情，偏偏还受过比陆羽更甚的羞辱——县令大人发动政府工程，修浚水渠，张志和也必须像所有本地的编户齐民一样为政府服役，拿着簸箕背土，做那些粗重的体力活。从中我们就可以理解为什么真正的隐士总喜欢住到深山大泽里去，因为只要入山不深，就难免征税和服役。

而张志和在这时候显示出了比陆羽高明的地方：他丝毫不以为忤，老实本分地尽自己作为一名编户齐民的责任。"贱役"完成之后，他照旧回家风花雪月去了。

4

张志和最爱钓鱼，却常常不放鱼饵。史籍说他的用意不在鱼，这就有点耐人寻味了。这样的钓鱼方式是姜太公首创的，意不在鱼，而在贤明的君主。周文王果然到渭水之滨礼聘姜太公。张志和是不是也想以此来引人注目而受到朝廷的礼聘呢？

当然，更为善意的解释是张志和意不在鱼，而在山水之间。

但无论如何，他确实引起了一些官场名流的瞩目，浙东观察使陈少游常常来拜访他，颜真卿还请他做过自己的门客，就连皇帝都被惊动了，赏给张志和一名家奴和一名侍女。张志和将家奴和侍女配成夫妇，还给他们取了极风雅的名字：渔童、樵青。知识分子总爱以诗笔来描绘渔樵生活的惬意，假如真正的渔夫和樵夫识文断字，一定会骂这些文人站着说话不腰疼。

5

有了达官显贵和皇帝的接济，张志和的隐居生涯越来越舒适且有情趣了。他常常乘着一条破船往来于苕溪、雪溪之间，喝到醉意浓时，有时敲鼓吹笛，有时泼墨作画，有时创作渔歌。我们最熟悉的那首《渔歌子》就是张志和诸多系列作品当中的一首：

> 西塞山前白鹭飞，
> 桃花流水鳜鱼肥。
> 青箬笠，绿蓑衣，

斜风细雨不须归。

张志和能诗善画,所以在写成渔歌之后,往往还会将其内容画下来。后来人们传说张志和驾鹤乘云而去,大约是成仙了吧。对于中唐时期以意趣高远而最为著名的隐士,人们无法接受他任何形式的正常死亡。

◇张志和名字考

张志和,字子同。名与字出自《论语》:"君子和而不同,小人同而不和。""和"与"同"分别是君子和小人的特征。所谓和,我们可以想象一个交响乐团,不同的乐器演奏不同的声部,所有的声音汇集起来形成悦耳的音乐,这样一种汇集,就叫作"和"。所谓同,还是这个交响乐团,只不过所有团员都拿着同样的乐器,演奏同样的曲调,所有的声音汇集起来,只不过音量更大了而已,这样一种汇集,就叫作"同"。

君子有自己的主见,不轻易附和别人,却可以在社会协作中扮演自己不可或缺的角色;小人没主见,通常只会抱团起哄,从社会功能上说,小人甲和小人乙完全可以彼此替代。

孔子当时所谓的君子和小人是就社会身份而言,并不带道德色彩。那时候君子是统治阶层,属于贵族集团,一般都受过良好的教育,传承着贵族的优良传统;小人是指平民百姓,他们没有政治权利,也没受过教育,是被劳心者所治的劳力者。

日暮汉宫传蜡烛，
轻烟散入五侯家。

大唐诗人往事
THE PAST
OF TANG DYNASTY
POETS

关键词

离乱、柳枝

韩翃·温暖的寒食

1

唐德宗年间，知制诰的岗位有了缺员。这个岗位担负着草拟诏书的责任，一定是好文笔的才子才能胜任。唐代不缺才子，即便是刚刚经过了安史之乱的风波之后。但是，中书省先后两次上报了候选者的名单，德宗却全未批准。

中书省长官终于放弃了揣摩上意的努力，直接向德宗请示，德宗也很爽快，直接批示道："授予韩翃。"当时有两位韩翃，同名同姓，中书省长官再次向德宗确认，德宗径直在文件上写下一首诗，继而注明："授予写这首诗的韩翃。"

这一首诗，就是韩翃最为传世的名篇《寒食》：

> 春城无处不飞花，寒食东风御柳斜。
> 日暮汉宫传蜡烛，轻烟散入五侯家。

一首七言绝句，写得极尽轻盈。寒食节在古代传统里要禁火三日，这期间厨房不开火，只吃冷食。禁火的期限一过，皇帝便会命令侍臣取榆柳之火作为火种来赏赐近臣，是为"新火"。韩翃的诗，正是描绘这一场面：春日的长安城里到处飞花，皇宫御柳的枝条随风摇曳，日暮时分，宫中侍臣将火种带了出来，纷纷送入近臣的宅邸里去。

但我们似乎很难想象，这样一首诗究竟为何会让德宗皇帝如此倾心呢？

2

德宗皇帝看到的其实不是诗艺，而是政治。

寒食禁火，清明传播新火，年年如此，但只有今年，在安史之乱这巨大的社会动荡之后，这春城，这飞花，这东风，这御柳，这轻烟，突然具有了一种崭新的象征意义，象征着动乱结束了，新生开始了，天下太平了，人们迎来的不仅是自然的春天，更是生活的春天，政治的春天，尤其对照此前"安史之乱"的时候，写《枫桥夜泊》的那位诗人张继眼里的清明：农民都被征召从军，于是田园荒废，清明时节却见不到几处新火新烟：

> 耕夫占募逐楼船，春草青青万顷田。
> 试上吴门窥郡郭，清明几处有新烟。
>
> ——《阊门即事》

对于这样的诗歌含义，经历过沧桑的德宗皇帝自然感慨系之，而韩翃也因着这首诗意外地扭转了自己的命运。

3

当时的韩翃早已走过了人生最辉煌的时刻。他曾经也是名满天下的才子，如今年事已高，却只在幕府里任一个卑微的职位，和年少后进们共事。年轻同僚正是轻狂自负的年纪，官场上也照例是欺老不欺少的规矩，他们只将韩翃的作品一概目为恶诗，肆意地轻视这个年长却庸碌的家伙。

韩翃自己也被磨折得没了自信，于是当有人来向他传达任命消息的时候，韩翃笃定这一定是搞错人了。来人问道："'日暮汉宫传蜡烛，轻烟散入五侯家'可是您写的诗？"韩翃点头，来人便道："那就一定没有错了。"

4

年轻时的韩翃也曾经意气风发过，甚至还有过一段被载入史册的轰轰烈烈的爱情。

那时韩翃在长安赶考，与柳氏相恋，待进士及第之后需要回乡省亲，只好在一番海誓山盟之后暂时辞别柳氏，约定归期。没想到韩翃才走，安史之乱便接踵而至，不久长安陷落，一对有情人从此天地悬隔，连音信都无法相通。

美丽的女子从来都是战乱中最为脆弱的事物，柳氏无奈滞留京城，为了自保，只好削发为尼，在寺院里寻求一份不甚可靠的托庇。

叛乱的平定足足耗费了八年时光，在这八年里，韩翃无时无刻不记挂着柳氏。那时他在淄清节度使侯希逸的幕府中做了一名书记，趁着幕主入朝的机会，终于可以请人去长安寻访爱人。

使者不负所托，找到了柳氏，把韩翃的书信交给了她。那是一首小词：

章台柳，章台柳，颜色青青今在否？
纵使长条似旧垂，也应攀折他人手。

短短几句，有关心，更有焦虑，有担忧，更有恐惧。柳氏一介弱质女子，飘零在这波诡云谲的乱世上，就像颜色青青的柳枝陷入了无边无际的狂风暴雨，好容易挨到风收雨住，那柳枝还能够存活下来吗？那青青的颜色不曾凋谢了吗？纵然容颜依旧，是否早已经属于别人了呢？

乱世之中，平凡小男女的平凡幸福已经成为多么大的奢望。柳氏读着这首词，呜咽不止，也以一首词来作答，请使者带回给韩翃：

杨柳枝，芳菲节，可恨年年赠离别。
一叶随风忽报秋，纵使君来岂堪折。

足足八年的动乱，芳菲时节的柳枝已经挨到了秋天，纵使有情人终于重逢，青春也已经变作了沧桑。

但重逢是那么令人期待，终于，韩翃随着侯希逸入朝见驾，眼看着有情人历尽劫难而终成眷属。但命运仍嫌对他们的捉弄不够，作为平定安史之乱的外援功臣，回纥大将沙吒利就在这个时候抢走了法灵寺里的柳氏，青青的杨柳枝有惊无险地躲过了动乱，却在和平刚刚降临的时候"攀折他人手"了。

这样的一个逆转让韩翃忧愤交加，但他一个手无缚鸡之力的书生又能如何呢？

5

所幸侯希逸部下有一名叫作许俊的将领，一向任侠仗义，敢管天下不平事，对同僚所受的不平事就更是义不容辞。许俊这一次出手，硬是从沙吒利的府邸里把柳氏抢了回来。

可想而知这会是多大的一场外交危机，唐王朝是如此仰赖回纥骑兵，以至纵容他们在中原大地上杀人放火，抢男霸女，怎会因为一介女流而开罪回纥大将呢？

韩翃只一心系在爱侣身上，许俊只一心行侠仗义，生怕惹祸上身的幕府同僚们拉着这两人请侯希逸定夺，后者竟然兴奋起来："这真像我年轻时候做的事啊！"但毕竟姜是老的辣，侯希逸做了一件很聪明的事：立即上表向朝廷奏明事情经过，指责沙吒利行为不端。

侯希逸当然晓得朝廷不敢开罪回纥人，而事既然已经犯了，就必须在第一时间公之于众，因为一旦被朝廷封锁消息，低调处理，吃亏的一定是自己这一方。

于是，无论韩翃、柳氏、许俊、侯希逸，人人都毫无瑕疵地站在正义的一边，这真给代宗皇帝出了一道天大的难题。幸好这场危机有了一个皆大欢喜的结局：代宗皇帝判决柳氏归于韩翃，毕竟皇帝在被逼得非要表态的时候，总不能公然站在道德舆论的对立面；当然对回纥大将也要给予丰厚的补偿，所以判定赐沙吒利绢两千匹——也还好这位沙吒利不是个重色轻财的角色。

经历过动乱的人，才更加懂得和平的可贵。有过这样一番经历的韩翃，当他摹写清丽和平的春景的时候，落笔恐怕不是粉饰，而是庆幸与期待。

这首诗，并非他刻意为动乱之后的政局粉饰太平，而是他真心献给这一时代的绮丽情书。

曲终人不见,
江上数峰青。

大唐诗人往事

THE PAST
OF TANG DYNASTY
POETS

关键词

鬼诗

钱起·神鬼传说

1

考生最怕题目生僻，但对于诗赋考试来说，反而越是平常得近乎滥俗的题目越难作答。因为要想得到高分，就必须写出新意，而滥俗的题目实在太难写出新意了。唐玄宗天宝九年的进士科考生就遇到了这样一个题目：湘灵鼓瑟。

湘灵是指两位湘水女神，传说大舜南巡途中死于苍梧，他的两位妻子娥皇、女英千里寻夫，在湘水岸边悲哭，江边的竹子染上了她们刻骨伤心的泪水，从此变得斑驳，被人们称作斑竹或湘妃竹，而永失所爱的这两位女子用死亡来缓解悲伤，自投于湘水，从此化身为湘水女神。你如果在湘水边细听，会在波涛声和风声的交杂里隐约听到她们或哭泣，或低诉，或以悲伤的乐器奏出悲伤的旋律。无论世界经历过多少次沧海桑田，这样的声音永远一成不变。

今天只要稍具古典文学素养的读者都不会觉得这个故事算什么生僻的掌故，何况是对于唐朝的读书人呢？答题要点其实一目了然，每一位读者不妨试想一下，如果你就是那一场科举的考生，你会从怎样的角度来发挥呢？

2

这不是大观园里的诗歌比赛,而是选拔政治精英的科举考试,所以答题的方向其实只有一个:以娥皇、女英对大舜的忠与爱比拟臣子对君主的无上情操,要写出对风云际会的期待以及生死无悔的赤诚。

在《全唐诗》里我们可以看到几份当时的答卷。一位叫陈季的考生是这样写的:

> 神女泛瑶瑟,古祠严野亭。
> 楚云来泱漭,湘水助清泠。
> 妙指微幽契,繁声入杳冥。
> 一弹新月白,数曲暮山青。
> 调苦荆人怨,时遥帝子灵。
> 遗音如可赏,试奏为君听。

这首诗的前面八句极尽描摹湘灵鼓瑟的场面,接下来"调苦荆人怨,时遥帝子灵",时隔千载,湘灵的怨慕始终如一,所有听到乐音的人无不深受感染;最后归结为"遗音如可赏,试奏为君听",言下之意就是向皇帝表态:我对您也怀着同样的深情,而您(也包括主考官大人)一定就是我的知音。

还有一位叫魏璀的考生是这样答题的:

瑶瑟多哀怨，朱弦且莫听。

扁舟三楚客，丛竹二妃灵。

淅沥闻余响，依稀欲辨形。

柱间寒水碧，曲里暮山青。

良马悲衔草，游鱼思绕萍。

知音若相遇，终不滞南溟。

答题的思路、结构都与陈季相似，重点在最后四句，说自己既有才华，也有如湘灵一般的渴慕与赤诚，唯一欠缺的就是一段君臣际会了。这样的诗，无论艺术造诣如何，至少政治正确。但偏偏这场考试中的状元答卷一点也没有考虑到政治正确的问题。

3

在所有的答卷里，只有两句诗令主考官生出了怦然心动的感觉："曲终人不见，江上数峰青。"考官大人良久吟咏，终于感叹说："写出这样的诗句，一定是得到了神助啊！"这首诗的作者，就是大历十才子之一的钱起，全诗如下：

善鼓云和瑟，常闻帝子灵。

冯夷空自舞，楚客不堪听。

苦调凄金石，清音入杳冥。
苍梧来怨慕，白芷动芳馨。
流水传潇浦，悲风过洞庭。
曲终人不见，江上数峰青。

诗歌的前十句都在描摹湘灵鼓瑟的哀怨之音，比陈季、魏璀的笔法很难说就真的强过许多。关键只在结尾两句的收束：鼓瑟一曲终了，听者从沉迷之中恍然醒觉，鼓瑟之湘灵杳然无迹，只有江边山色青青，仿佛飘荡着哀怨的余韵。

当然，这样的写法在今天看来已经毫不稀奇。譬如小学生作文里通常写到的，某位好人叔叔助人为乐，事了拂衣去，被帮助的"我"急忙追出去，却只看到茫茫雪地上留下的两行笔直的脚印。

这样的写法在今天早已沦为俗套，但第一个发明这种写法的人无疑就是天才。

钱起正是这样的天才，所以时人与其相信这是钱起的原创，毋宁相信他因为某种机缘而意外得到了神助。只是在古人的记载里，在这个跳龙门的关键时刻帮助钱起的，不是神，而是鬼。

这两句诗，其实是被归为鬼诗的。

4

钱起是吴兴人，赴京赶考的时候途经京口，在一个月色撩人的夜晚披衣而起，闲庭信步，忽然听到户外有行吟之声。那人吟哦的反复只有两句，细听来正是"曲终人不见，江上数峰青"。钱起大为动心，便溯着声音的来源急忙寻去，然而那声音虽就在户外往来再三，钱起却连半个人影也寻不到。诗句固然是好的，吟哦固然也有雅人深致，但事情如此怪异，换作谁都只会觉得忐忑。

如果这是一个兆头，那么到底是吉是凶呢？

钱起带着满腹的狐疑继续上路，直到进了长安城，进了考场，看到《湘灵鼓瑟》这个试题，才晓得那两句诗是如此应景。将鬼诗挪用过来是不算剽窃的，钱起心安理得地凭着"曲终人不见，江上数峰青"赢得了榜首，考官大人也因为这两个太过出色的句子而忘记了要时刻保持政治正确这条底线。

极致的诗有时也会超越现实的束缚，令一切世俗与功利的阻碍转瞬间冰消瓦解。这两句诗到底好在哪里，朱光潜曾说它达到了中国诗歌里罕有的静穆境界，这境界就连屈原、阮籍、李白、杜甫都不曾达到。

细想一下，朱先生所列举的那几位诗坛巨擘的作品，在情绪上实在过于大起大落——若喜则狂喜（如杜甫的"漫卷诗书喜欲狂"），若怒则暴怒（如李白的"安能摧眉折腰事权贵，使我不得开心颜"），反正一点都不"静穆"。

5

人们传说"曲终人不见，江上数峰青"是鬼诗，倒也有一个很现实的缘故。

我们不妨试想一下，李白、杜甫的笔下可不乏这等级数的佳句，但从未有人怀疑他们得到了鬼神襄助，原因仅仅在于他们的诗一贯都是那么好的。但钱起不同，他其实是个太过现实的人——至少就诗人的角色而言是这样的，在沉沦下僚的一生里，存在感几乎被磨折尽了，所以诗格总不甚高，甚至还会有一点委琐的味道，笔下再没有如此清爽、高远的绝色句子。人们怀疑"楼观沧海日，门对浙江潮"这样的警句是骆宾王替宋之问写的，难免也会这样来怀疑钱起。

几处吹笳明月夜,
何人倚剑白云天。

大唐诗人往事
THE PAST
OF TANG DYNASTY
POETS

李益·《霍小玉传》的主人公

关键词

《霍小玉传》、散灰扃户

1

大众文学是一件太有杀伤力的东西，可以在莫名其妙间使无辜者遗臭万年。

潘美受了《杨家将》的祸害，陈世美受了《包公案》的祸害，所幸在严肃的历史学家那里，真相总可以得到澄清。有些人就没那么幸运了，我们永远也无法知道他们在大众文学故事里的形象究竟是被附会、栽诬的，抑或被一手上好文笔记载下来的生活写真。

李益的命运就是这样的。他也许是最不讨女性读者喜欢的一个诗人，也许是唐代才子里最冤的一个，但真相永远被隔在时间的门扉之外了。

我想我自己和很多人一样，是从唐传奇名篇《霍小玉传》里率先认识李益的。在那个凄楚的爱情传奇里，李益对霍小玉始乱终弃，霍小玉思念成疾，想再见情人一面都不可能，于是有豪侠感愤，将李益劫到霍小玉的病床前。霍小玉无望地发出最后的诅咒，一手拉住李益的臂膀，一手掷杯于地，长恸号哭数声，就这样死去了。

后来李益的全部婚姻生活都陷在灵异事件的纠缠里，他永远会忐忑而恼怒地发现妻子不忠的蛛丝马迹，无论他以多么变态的手法预防绿帽子的出现——在妻子的房门口散灰，或者每次出门都将房门反锁，乃至将妻子锁在浴缸里——似乎都无济于事。无论多少次休妻再娶，事情只会变本加厉。霍小玉的诅咒就这样伴随了他的一生，如影随形。

2

《霍小玉传》的阴影长久以来都令我对李益的诗歌接受无能，即便他真的写过很好的诗。

历史上的李益确实妒痴成狂，也确实总因为这个缘故休妻再娶，所以鲁迅认为《霍小玉传》的故事只是由此附会成文，并不可信。但鲁迅的意见归根结底也只是一种合理的猜测罢了，对于这一部著名传奇，相信它纯属附会并不比相信它纯属写实得到过更多的证据支持。

历史上的李益堪称一切文艺少女的理想情郎，也难怪美丽而多才的霍小玉会如此不可救药地爱上他。李益风流倜傥，很有几分书生的狂态，但也不乏实干家的本领。他在年轻时就已经名满天下，大约相当于今天的韩寒、郭敬明一类的偶像。

李益每写出一首新诗，宫廷乐师们就会争相以重金相求，胜出者将诗句谱以雅乐，在天子面前演唱。画家们也着迷于李益的诗，每每将诗境入画。虽然今天普通读者对李益的名字已经很陌生了，但在当时，李益的诗就是这样风靡天下，几乎征服了全社会的所有阶层。

· 若你生活在那个时代而偏偏不爱李益的诗，要么你是故意作怪，凸显个性，要么是自绝于社会与人民。

3

李益是如此一个命运的宠儿，以至就连仕途也走得顺风顺水。那个藩镇争取独立，渐渐脱离中央政府管辖的时代，藩镇节度使纷纷组建幕府，和中央政府争夺人才。历史正统论者会叹息王纲解纽，但这对于那时候的读书人实在有几分很现实的好处：出路多了，待遇也高了。

李益这样的大名士自然是节度使们竞相礼聘的对象。

那时候的风气是，一名文士如果同时被几家藩镇延揽，就会身价暴涨。诗人韦应物写过一首为李益饯行的诗，其中形容李益"辟书五府至，名为四海闻"，就是说李益同时受到五位节度使的礼聘，一时间天下扬名。

李益在幕府度过了十几年的时光，显示出诗人一般不太具备的实干家本领。史书说李益擅长谋划，可以运筹帷幄之中，决胜千里之外。这话就算有夸张，至少说明李益在政治上绝不是李白、杜甫那样志大才疏的人。

4

可想而知,做人做得这样成功,那么傲慢、跋扈一点也属情理之中。

李益也确实傲慢得很,谁和他做同僚,谁就会成为被侮辱与损害的人。李益后来到中央做官,有饱受欺凌的同僚下决心报复,检举李益在诗里写过"感恩知有地,不上望京楼",这分明是对皇帝的不忠之言。

平心而论,这样的检举还真不是吹毛求疵,李益这句诗确实是向节度使表忠心,说自己承蒙对方厚爱,一定感激回报,为您效忠有什么不好呢,何必非朝廷的官不做呢?

其实这样的心态是当时很多才子、名士的普遍心态,但谁让李益将它明明白白、白纸黑字地写出来了呢?更何况他的诗歌四海传诵,这会造成多坏的政治影响啊!

李益终于因此而遭受了人生中的第一次挫折,但命运的偏爱常是不可理喻的。

没过多久,李益竟然官复原职,此后继续顺风顺水,一直升迁到礼部尚书的高位,然后平安退休。幸而李益的私生活是失败的,不然该让多少人心理失衡呢。

李益的一生都是在对一顶其实并不存在的绿帽子的疑神疑鬼中度过的,天天像防备洪水猛兽那样防备自己的妻妾,情感方面的玻璃心永远遭受嫉妒和猜疑的咬啮。人们叫他"妒痴尚书李十郎"——这样级别的政府高官背了这样一个绰号,违和感确实太强了一些。

5

李益在幕府里过惯了军旅生活,熟悉边塞,常在鞍马之间撰写文书,有时横槊赋诗,慷慨激昂,谁也想不到他在私生活里竟然是一个醋意沉沉的小男人。

李益以边塞诗著称当世,虽然今天提起边塞诗来公推高适、岑参,但其实李益的作品更有恢宏顿挫之美。原因也许在于:高、岑多写古体诗,这种诗歌体裁更能彰显古朴雄浑之美,而李益多写律体诗,音调更加铿锵,有工整的对仗和华丽的修辞。

无论从当时还是今天的审美风气来看,人们对李益的接受度肯定比对高适、岑参的接受度更高。换言之,李益是一个更有流行潜质的诗人。比如"几处吹笳明月夜,何人倚剑白云天",这样的句子就是高适、岑参写不出来的。

这两句诗出自李益的《过五原胡儿饮马泉》:

> 绿杨著水草如烟,旧是胡儿饮马泉。
> 几处吹笳明月夜,何人倚剑白云天。

从来冻合关山路，今日分流汉使前。

莫遣行人照容鬓，恐惊憔悴入新年。

这首诗其实要算一首爱国主义主旋律作品，诗题里的"五原"是唐朝和吐蕃反复争夺的战略要地，这时候刚刚被唐军收复。李益在一个柔情似水的春日经过其地，感慨世事与年华，写下这首带点忧伤色彩的悲壮的诗。有趣的是，今天武侠文学的所有调性要素竟然全部浓缩在"几处吹笛明月夜，何人倚剑白云天"这两句诗里。

千古文人的侠客梦，就这样被李益写尽了。

附记：乍看之下，我们会以为金庸小说里的倚天剑就是得名于"何人倚剑白云天"，其实这个意象的源头还要更早一些。传为宋玉所作的《大言赋》就有"长剑耿耿倚天外"，当是李益诗句之所本。

今夜月明人尽望，
不知秋思落谁家。

大唐诗人往事
THE PAST
OF TANG DYNASTY
POETS

关键词

宫词

王建·宫禁的泄密者

1

中唐以降是宦官的天下。宦官掌握着禁军，不但可以傲视朝臣，甚至可以不太费力地废黜自己看不顺眼的皇帝。如果那时候就有一本畅销书叫作《人脉是设计出来的》，一定会用最多的篇幅来教给你怎样和宦官搞好关系。换言之，如果你出身低微，又很想在仕途上走得安稳，那么没有宦官做靠山根本就是不可能的。

诗人王建出身低微，也有一点政治抱负，而最让人羡慕嫉妒恨的是，他和大宦官王守澄有同宗之谊，而且两人关系很好，常在一起喝酒聊天，称兄道弟。

要知道王守澄在当时是一手遮天的人物，王建有了这样一个靠山，飞黄腾达指日可待。人们毫无悬念地静待着王建将如火箭一般地攀升，然而，王建一辈子都没能在仕途上混出个什么头脸。没错，他常和王守澄喝酒聊天，但那种程度的聊天不过是一个满怀好奇心的诗人在向知情人打探宫廷里的秘闻和掌故而已。

任何一个投机客都会骂王建买椟还珠，不知轻重，白白浪费了这么好的人力资源。但文学史真的要感谢王建的天真和王守澄的耐心，因为正是这两者的结合，才造就了那一系列别开生面的宫词作品。王建创作的百首《宫词》的确是诗歌史上"宫怨"类型中最别致的，虽然不曾为作者挣得什么实际的好处，却挣来了文学史上的一席之地。

2

在男尊女卑的古代社会，诗歌不但有着"代圣人立言"这样颇为光辉的传统，还有一个"代女子立言"的颇为奇异的传统。

女子无才便是德，有才的女子一般也不会是良家妇女，所以，对于自己的生活与心声，女子自己是缺乏话语权的，这便只能由男性诗人来代劳。而事情的另一方面是，男性诗人自然渴望和心仪的女子做精神上的沟通，如果那女子缺乏足够的文学修养，男性诗人便只能依靠想象和揣摩来模拟女子说话，其实不过是在自说自话罢了。

好在他们最主要的读者也是男性，所以他们刻意模仿出来的女人的幽怨、妒忌、渴慕与哀愁，无论是否逼真，都最能迎合男性读者的心理。

在王建之前，诗人们早已经对宫怨的主题着迷。试想皇宫里无数佳丽侍候一个男人，多少人一辈子也沾不到一丁点的雨露恩泽，她们该有多深的幽怨呢？尽情想象宫禁深处最隐秘的生活，想象最隐秘的生活下潜伏暗涌着的最隐秘的心理，这也算诗人们的一点八卦趣味吧。宫怨主题的诗歌在今天读来，就像是在看一幅幅《甄嬛传》的剧照。

在所有宫怨诗人里，只有王建写出了不同。

在他的笔下竟然出现了各种各样极尽逼真的生活细节，可以说王建的百首宫词就是描绘唐代宫廷生活的一卷《清明上河图》，今天那些研究唐代风俗的学者面对王建的诗歌简直如同面对一座宝藏。所以即便悬隔千载，细心的读者也不免会为王建的安危担心——他是不是知道得太多了！

3

口风紧向来都是官场中人的必备素质。汉代有一位名臣孔光，在家从来不谈工作上的事，就连有人问他温室殿旁种的是什么树，他也默不作声。"不言温室树"从此成为一则掌故，孔光也因此被奉为谨慎的楷模。这倒也是人之常情，换任何人做皇帝，恐怕都会喜欢孔光，讨厌王建。

王建有一次言语之间开罪了王守澄，后者忽然说道："你写了那么多宫词，可皇宫内廷的事情你是如何知道的？今天你一定要把这件事向皇帝交代清楚。"王建果然被吓到了，写诗向这位同宗兄长道歉说："不是姓同亲说向，九重争得外人知。"意思是说：如果不是你这位兄长亲自讲给我，我哪会晓得宫廷里的那些秘事呢！

兄弟之间的一点龃龉就这样随着两句玩笑烟消云散，王建并不能真的奈何王守澄什么，王守澄也犯不上拿王建这点鸡毛蒜皮的事情当真。王守澄继续弄他的权,王建继续写他的诗,各有各的轨道,生活总要照旧。

4

王建最为传世的诗却不是百首宫词里的任何一首,而是《十五夜望月寄杜郎中》:

中庭地白树栖鸦,冷露无声湿桂花。
今夜月明人尽望,不知秋思落谁家。

这首诗的题目,也有的版本写作《十五夜望月》。从诗意推断,这里的"十五夜"应当是指八月十五中秋之夜,正是望月相思的时刻,但添上"寄杜郎中"这几个字,却明显是写给男人的。

我们常常以今度古出现这种误读,以为凡是"相思"都发生在情人之间,然而在古代的语境里,"相思"却没有那么多的男女之情的意味,思念一个同性的朋友也完全可以望月而"相思"。比如苏轼"但愿人长久,千里共婵娟",如此缠绵悱恻的词句却不是写给某位多情的女子,而是寄给弟弟苏辙的。

王建在中秋之夜望月而相思,这相思是寄给一位男性友人的。

杜郎中到底是谁，今天我们已经无从知晓。我们早已经将这首诗当作了情歌的典范，这也无妨，毕竟当一篇作品脱离了它的作者之后，便获得了独立的身份和崭新的生命。

◇王建名字考

　　王建，字仲初。"建"与"初"含义上的关联在今天已经很不明显了，而在古代，这两个字都有"起始"的意思。古人将天空划分为十二个区域，大略相当于黄道十二宫，以十二地支来做标记。如果北斗七星的斗柄指向子天区，并以这个月份作为一年的开始，这就叫"建子"。同理，如果是寅天区，就叫"建寅"。古代历法有建子、建丑、建寅三种起始方式，远不像今天统一用公历这么简单。

　　历法在古代既是一个生活问题，更是一个政治问题，在改朝换代之后，如果有人还坚持奉行旧朝代的正朔，这是最让当局忌讳的，因为这也是前代遗民表达孤忠的一种方式。

　　改朝换代就要"改正朔"，所谓正朔，"正"是正月，一年的第一个月，"朔"是朔日，一个月里的第一天。所谓建寅之月、建丑之月、建子之月，分别对应于现在的农历正月、十二月和十一月。事实上改正朔是一件太过麻烦的事情，只要想想现代社会里使用夏时制的情形就可以晓得。所以自唐肃宗以后就一直以建寅为岁首，直到清末也没再改过，改朝换代的时候只要采用新的年号就好了。

异年解笑鸣机妇，
耻见苏秦富贵时。

大唐诗人往事
THE PAST
OF TANG DYNASTY
POETS

关键词
患难夫妻

元载夫妻·凤凰男与豪门女

1

幸福感完全来自攀比。

男人的幸福感来自比妹夫的薪水略高一点,女人的幸福感来自丈夫的薪水比姐妹们丈夫的薪水略高一点,平凡幸福的真谛其实不过如此。所以王韫秀,河西节度使王忠嗣家的千金小姐,一直过得很不幸福。

当初,父亲以一代名将的眼光为她挑选了一个贫寒人家的书生为婿,而这个本以为是潜力股的上门女婿竟然越来越看不出潜力,仿佛非要以实际行动来证明"百无一用是书生"这句至理名言似的。姐妹和亲戚们的讥嘲每天都像钢针一样扎进这一对小夫妻的玻璃心里。虽然家大业大,他们并不缺衣少穿,但最难忍的寒冷从来都是属于心灵的。

任何一个稍具自尊心的人都无法将这样的富贵日子再挨下去,年纪已经不轻的书生元载终于决定离家出走,如果不能到长安博取一番功名,至少也可以躲开岳家的白眼。临行前,元载留诗一首,这就是《全唐诗》里收录的元载唯一一首诗,题为《别妻王韫秀》:

年来谁不厌龙钟,虽在侯门似不容。
看取海山寒翠树,苦遭霜霰到秦封。

诗句是说：你家容不下我，我自己也不愿意这样一直没出息下去，索性到长安博一次未来吧。他没想到妻子也用一首诗来回答自己：

> 路扫饥寒迹，天哀志气人。
> 休零离别泪，携手入西秦。

诗艺虽然不佳，情义却深沉。她开解元载，说上天从来都会帮助有志气的人，我不想和你分别，我愿意和你一起上路。王韫秀从没有和姐妹们一起嗔怪过丈夫的无能，她知道自己一生的唯一归属，她知道这世界上只有他们两人才是彼此相属的，无论贫贱、富贵、疾病、死亡都不能动摇他们的休戚与共。元载幸运地娶到了一位贤妻，唯一担心的就是，幸运的筹码也许已经一股脑投进这桩婚姻里了。

2

受尽岳家冷眼的元载也许不愿借用岳父大人的一点人脉，而作为代价，就是滞留长安，屡试不第。

那时科举最重儒学，元载却满腹道家的学问，就算是公平竞争，他也占不到任何便宜，何况科举的成功几乎完全取决于打点人脉呢。

单纯的贫苦并不难捱,对未来的绝望才是最难捱的。

元载与王韫秀这一对患难夫妻不知道还能支撑多久呢?

人生有时会在最绝望的关头峰回路转,幸而元载捱到了这一刻。道家学问突然受到重视,元载终于迈过了科举的门槛,而这个门槛一迈过去,接下来的路途竟然就是一马平川了。

岳父大人当初选婿的眼光果然不差,元载确实是个罕见的人才。唐代官场从来不缺诗人,只缺元载这样的战略家、实干家。后来杜牧写诗论及唐代的北部边防形势,还很缅怀"元载相公曾借箸",将元载比作张良,而元载也完全当得起这样的恭维。

3

随着元载的步步高升,岳家亲眷也开始改容变色,仿佛从来就不曾嫌弃过这个最宝贝的亲人似的。王韫秀满带不屑,果断展示出了绝不宽容的小女人心态,写诗寄给姐妹们说:

> 相国已随麟阁贵,家风第一右丞诗。
> 笄年解笑鸣机妇,耻见苏秦富贵时。

这时候元载已经拜相,位极人臣。王韫秀将姐妹们比作战国纵横家苏秦的家人，毫不隐讳地骂她们有眼无珠的见识和前倨后恭的嘴脸。

元载的遭遇的确酷似苏秦，苏秦当初只读书而不治产业，游说诸侯却铩羽而归，家里谁都不待见他，最亲的人给了他最深的伤害。等他终于成为一个成功人士衣锦还乡的时候，一家人跪伏在路边迎接，连大气都不敢出。"前倨后恭"这个成语就是由此而来的，势力嘴脸实在莫过于此。

爱心人士总会在这个时候提倡宽容谅解，渲染血浓于水的脉脉温情，但王韫秀是个爱憎分明的强者，她的陈年积怨就是需要发泄，她也清楚哪些人值得一辈子珍视，哪些人不值得给半分好脸色。她常常向不相识的人施舍金银，却从不给娘家女人们一个铜板。

4

每个时代都有自己的和珅，在唐代肃宗、代宗两朝，这位和珅就是元载。

元载的物欲一点也不逊色于他的才能。也许是早年憋屈得太久了，受到的冷眼太多了，好不容易发达起来就迫不及待地贪污受贿，穷奢极欲。

元载不失为一个很能干的贪官，而在那个年代，贪婪在官场上也不算什么大事,毕竟,那时候没有几个以贪渎罪名下马的官员是真正因为贪渎而下马的。这时候的确是家世决定了人的眼界,王韫秀早早看出了端倪,写诗告诫丈夫:

> 楚些燕歌动画梁,更阑重换舞衣裳。
> 公孙开馆招嘉客,知道浮云不久长。

贪是可以的,不贪便不足以在贪渎遍地的官场容身,但千万不要贪得这么招摇啊!荣华富贵只如浮云过眼,明智的人不会陷在歌姬舞女的脂粉阵里,越是位高权重,越是应当礼贤下士,延揽贤才,继续巩固自己的地位。在无数人羡慕嫉妒恨的目光焦点里,实在一点也招摇不得!

元载一生,最后就败亡在"招摇"这两个字上。位极人臣而极尽招摇,不但会招致皇帝的猜忌,也难免在同僚中遍地树敌。只要一朝元载的大厦稍稍松动了一块砖,人们马上就会看到土崩瓦解的局面。

权力场上一向都有两条最基本的游戏规则:墙倒众人推,斩草要除根。即便是元载这样的人物,面对这两条规则也不能幸免。

元载事败,满门男丁尽斩,王韫秀被安排到宫中做贱役。熟知她性格的人完全可以预料她的结局——她对执法官的回答是:"我做了二十年的太原节度使千金,做了十六年的宰相之妻,怎会做贱役来委屈偷生呢!"

这是王韫秀最后的傲骨,她不在意是否会激怒对方;她不愿忍辱偷生,换来的是被刑杖活活打死。这个巨贪大恶的妻子,这个充分享受过丈夫带来的贪渎红利的人,她的死,竟然让人生出几分同情。

同是天涯沦落人，
相逢何必曾相识。

大唐诗人往事
THE PAST
OF TANG DYNASTY
POETS

关键词
中隐

白居易·果然白居易

1

白居易十六岁那年到长安拜访诗坛领袖顾况,被后者拿他的名字揶揄过"长安物价太高,居住下来可不易啊!"顾况当时不曾想到,这个稚气而有才华的少年后来真的过上了人如其名的日子,只不过不在长安,而在洛阳。

那时候的洛阳是一个安置闲人的所在。倘若你在政治斗争中失势了,或者皇帝就是看你不顺眼了,那就会在洛阳给你挂一个虚衔,投闲置散。换句话说,洛阳就是官员们的冷宫,朝廷给你这个职位,这份薪俸,不是买你做事,而是买你不做事。

政治冷宫里的生活其实相当舒适,当然,酸甜苦辣总是因人而异。

正如今天看宫斗大戏,有人就会觉得何必非要争宠呢,明明每天可以尽情享受锦衣玉食、使奴唤婢的日子,也不愁打麻将凑不齐人手。只要怀了这样的心态,冷宫简直就是天堂。白居易就是这样一个在政治冷宫里过着天堂生活的人,悠然自得,不与世界相争。他提出了一个崭新的生活主张:中隐。

2

古人对于隐士,历来有大隐与小隐之别,所谓"大隐住朝市,小隐入丘樊"。

依照这个最传统的标准,在古代名士当中,商山四皓便是小隐的代表,藏身到深山更深处,以采野菜为生;东方朔则是大隐的代表,入朝为官,却并不真正卷入权力斗争的旋涡。

两种隐居途径各有各的难处。小隐最难解决的是生计问题,就连陶渊明原本对隐居的构想都是"聊欲弦歌,以为三径之资"(想先做地方官来储备将来隐居的本钱),但他在做了八十多天县令后终于不忍心向百姓搜刮钱财,以至在真正隐居之后,日子过得相当拮据,总要仰赖亲戚朋友的周济。大隐最难解决的是仕与隐的界限问题,毕竟置身于名利场的中心,你不想卷入旋涡,旋涡却不肯轻易放过你。

在白居易生活的时代,政治形势风云莫测,就算闭门家中坐,也难免祸从天上来。

大隐难做,小隐却也不易。一个人过惯了锦衣玉食的日子,如何还能平淡地退回渔樵耕读里去呢?所以白居易甘愿"中隐",也就是避开权力中心,任闲官,领干俸,在市区或近郊构筑园林,兼享城市生活的繁华便利与田园生活的悠闲适意。至于这样做是否对得起纳税、服役的百姓,那倒是既次要也无可奈何的问题了。

这时候的白居易写有一首《中隐》长诗,这首诗在诗艺上乏善可陈,在文学史上不甚有名,但是在思想史上却必须据有一席之地:

> 大隐住朝市,小隐入丘樊。丘樊太冷落,朝市太嚣喧。
> 不如作中隐,隐在留司官。似出复似处,非忙亦非闲。
> 不劳心与力,又免饥与寒。终岁无公事,随月有俸钱。
> 君若好登临,城南有秋山。君若爱游荡,城东有春园。
> 君若欲一醉,时出赴宾筵。洛中多君子,可以恣欢言。
> 君若欲高卧,但自深掩关。亦无车马客,造次到门前。
> 人生处一世,其道难两全。贱即苦冻馁,贵则多忧患。
> 唯此中隐士,致身吉且安。穷通与丰约,正在四者间。

诗义不必解释,因为有白居易招牌式的大白话风格。传说白居易每写一首诗都要首先读给不识字的老婆婆听,如果老婆婆有听不懂的地方,他就会认真修改。这个传说虽然不甚可信,但它的确说中了白居易诗风中极尽通俗的特点。在《中隐》这首诗里,白居易一点都不拿典故和修辞术来矫饰自己的"不良动机",反正兢兢业业了一辈子,现在索性大张旗鼓地尸位素餐好了,免得在政治红人眼前添堵。

当然,所有的消极都不是与生俱来的,而是在无情现实的一再打压下由火焰凝成的坚冰。

白居易也曾经满怀政治理想，对投闲置散的贬谪有一肚子的委屈。那时候他以诗歌作为倾泻负能量的专有工具，所以我们今天才能读到《琵琶行》这样的佳作。

3

唐宪宗元和十年发生了一件轰动朝野的大新闻：宰相武元衡在上朝途中被一伙训练有素的刺客当街刺杀。究竟是谁派的刺客，每个人其实都心里有数：武元衡是反对藩镇割据的一面旗帜，那些心怀异志的藩镇节度使早晚都会向他下手；这些节度使里边最阴险、最歹毒、最有可能使出行刺伎俩的就只有淄青节度使李师道了。

不难想象李师道刺杀武元衡在唐朝会引起多大的轰动。但政治形势太微妙了，以致对这样一件本应人神共愤的事情，很多人竟然不敢发表意见。

那时候的白居易还是有满腔热血的，他激愤上书，要求朝廷立即侦缉凶手。

他竟然是满朝文武中第一个表态的人，而对这种事情表态并不在他的职权范围里。

高层决定"大局为重"，捏造了一个很龌龊的罪名，说白居易的母亲明明是在赏花的时候不慎坠井而死，白居易却毫无避忌地写有《赏花》和《新井》这些诗，言辞浮华，品行不端，应予贬斥。白居易就是这样被贬为江州司马的，那时候他受到的打击还太少，也看不懂朝廷"在下一盘很大的棋"，所以常常为自己这一次所遭受的不公愤愤不平。

4

郁积的负能量必须要找到宣泄的渠道，幸而白居易在江边送客时听到了琵琶声，遇到了琵琶女。《琵琶行》的序言交代了事情的全部经过：

> 元和十年，予左迁九江郡司马。明年秋，送客湓浦口。闻舟中夜弹琵琶者，听其音，铮铮然有京都声。问其人，本长安倡女。尝学琵琶于穆、曹二善才，年长色衰，委身为贾人妇。遂命酒，使快弹数曲，曲罢悯然。自叙少小时欢乐事，今漂沦憔悴，转徙于江湖间。予出官二年，恬然自安，感斯人言，是夕始觉有迁谪意。因为长句，歌以赠之，凡六百一十二言，命曰《琵琶行》。

我们很难将琵琶女的生平故事看作一曲理想主义者的挽歌，但是一经白居易的诗笔提炼，《琵琶行》却真的很像一首为普天下理想主义者而唱的挽歌，它在哀悼着倡女命运的时候，也哀悼了普天下所有理想主义者的共同命运。"同是天涯沦落人，相逢何必曾相识"，所有理想主义者的命运都是共通的，不仅跨越空间，同样跨越时间：

> 浔阳江头夜送客，枫叶荻花秋瑟瑟。
> 主人下马客在船，举酒欲饮无管弦。
> 醉不成欢惨将别，别时茫茫江浸月。
> 忽闻水上琵琶声，主人忘归客不发。
> 寻声暗问弹者谁，琵琶声停欲语迟。
> 移船相近邀相见，添酒回灯重开宴。
> 千呼万唤始出来，犹抱琵琶半遮面。
> 转轴拨弦三两声，未成曲调先有情。
> 弦弦掩抑声声思，似诉平生不得志。
> 低眉信手续续弹，说尽心中无限事。
> 轻拢慢捻抹复挑，初为《霓裳》后《六幺》。
> 大弦嘈嘈如急雨，小弦切切如私语。
> 嘈嘈切切错杂弹，大珠小珠落玉盘。
> 间关莺语花底滑，幽咽泉流冰下难。
> 冰泉冷涩弦凝绝，凝绝不通声渐歇。
> 别有幽愁暗恨生，此时无声胜有声。
> 银瓶乍破水浆迸，铁骑突出刀枪鸣。

曲终收拨当心画，四弦一声如裂帛。
东船西舫悄无言，唯见江心秋月白。
沉吟放拨插弦中，整顿衣裳起敛容。
自言本是京城女，家在虾蟆陵下住。
十三学得琵琶成，名属教坊第一部。
曲罢曾教善才服，妆成每被秋娘妒。
五陵年少争缠头，一曲红绡不知数。
钿头银篦击节碎，血色罗裙翻酒污。
今年欢笑复明年，秋月春风等闲度。
弟走从军阿姨死，暮去朝来颜色故。
门前冷落鞍马稀，老大嫁作商人妇。
商人重利轻别离，前月浮梁买茶去。
去来江口守空船，绕船月明江水寒。
夜深忽梦少年事，梦啼妆泪红阑干。
我闻琵琶已叹息，又闻此语重唧唧。
同是天涯沦落人，相逢何必曾相识。
我从去年辞帝京，谪居卧病浔阳城。
浔阳地僻无音乐，终岁不闻丝竹声。
住近湓江地低湿，黄芦苦竹绕宅生。
其间旦暮闻何物，杜鹃啼血猿哀鸣。
春江花朝秋月夜，往往取酒还独倾。

岂无山歌与村笛，呕哑嘲哳难为听。
今夜闻君琵琶语，如听仙乐耳暂明。
莫辞更坐弹一曲，为君翻作琵琶行。
感我此言良久立，却坐促弦弦转急。
凄凄不似向前声，满座重闻皆掩泣。
座中泣下谁最多，江州司马青衫湿。

往昔如梦幻般绚烂，现实如醒觉般残忍。对这样的诗不是所有人都有共鸣的，对于那些从不曾做过梦的人而言，"门前冷落鞍马稀，老大嫁作商人妇"分明要算一个不错的归宿，如果流泪，简直矫情。

5

白居易的中隐又何尝不是一种"门前冷落鞍马稀，老大嫁作商人妇"呢，只是天生的理想主义者并不会真的轻言放弃，理想的激情如同密闭容器里的水，在这里被压制，便要在那里寻找出口，纵然永远寻不到出口，也不会在现实的阳光下蒸发殆尽。

于是白居易沉迷在修仙的世界里。

传说他研制了一种飞云履，只要点燃香烛，稍一跺脚，脚下就会弥漫出云雾，而云雾渐渐升腾，载着它的主人腾云驾雾而去。

也许这样的人只应有这样的宿命。只有升上天空，才不会再被绊倒。

◇白居易名字考

白居易，字乐天。"居易"出自《礼记·中庸》"君子居易以俟命，小人行险以徼幸"，这句话的意思是说，君子是本着原则行事的，有一贯的操守，会选择安稳妥当的生存方式，做好自己的本分，至于穷通贫富则听天由命；小人是奔着明确的功利目的行事的，宁可冒险来贪图侥幸的成功。"乐天"出自《周易·系辞》"乐天知命，故不忧"，意思是说，君子懂得天命，很清楚哪些事情是可以通过努力来得到的，哪些事情不是人力可以左右的，所以生活态度非常通达。

白居易的弟弟白行简也是一代诗文大家，他的名字也可以一并来看。白行简，字知退。"行简"出自《论语·雍也》"居敬而行简"，这是对执政者的一种理想要求，意思是说，心态要严肃认真，做事要抓大体而忌烦琐。

二十四桥明月夜,
玉人何处教吹箫。

大唐诗人往事
THE PAST
OF TANG DYNASTY
POETS

关键词

风流、扬州

杜牧·活在唐代的魏晋风流

1

看杜牧的生平,总会给人时代错乱的违和感。倘若他生活在魏晋时代,一定是清谈座上的嘉客,会抢尽卫玠的美男风头,会让一部《世说新语》里反复出现他的名字,会使名满天下的竹林七贤变成竹林八贤。

他生就一副魏晋名士的派头,却很遗憾地生在了唐朝。

杜牧用了整个年轻时代说明了"人不风流枉少年"的道理,幸而他的上级长官是个懂风雅的人,由得他将冗俗公务置诸脑后,整日在扬州城的脂粉堆里饮酒赋诗。

当然,如果你是他的同僚,你一定忌恨得要死:大家都是一样的职位,拿一样的薪水,凭什么这个姓杜的家伙就可以逍遥快活,不务正业,领导还偏偏那么赏识他!

的确很没天理啊,但这就是杜牧。终于他有一天发觉自己年纪大了,前途似乎还没什么太好的着落,这些年来所有的职场积淀无非是一点烟花巷陌的风流名声罢了。他写诗悼念自己终将逝去的青春:"十年一觉扬州梦,赢得青楼薄幸名。"恍然发觉那本以为终将逝去的青春其实早已逝去。

年纪不小了,也该做一点正事了吧。

2

杜牧给自己谋了一份正经差事——在东都洛阳担任御史,负责监察百官,大约相当于纪委纠风办的纠风专员。这样的人事任命如果不是荒唐,那就是故意开杜牧的玩笑。请杜牧负责纠风,无异于请鲁智深看守酒窖。

杜牧果然不负众望,毫不把岗位职责放在心上,以至没多久便搞出了一段"佳话":照例朝臣私宴,御史官出于避嫌,概不参加,而杜牧听说李司徒正在设宴,竟然特地叮嘱对方一定要邀请自己。

醉翁之意不在酒,杜牧早听说李司徒家里的歌女堪称洛阳第一,怎能不去领略一番呢?赴宴当天,杜牧一点都不见外,点名叫出主人家最宝贝的歌女紫云登台献艺。他知道自己张狂了些,却很自恋这份张狂,还要以诗歌将这份张狂记录在案,赠给紫云,也炫耀给全场的宾客看:

> 华堂今日绮筵开,谁唤分司御史来。
> 忽发狂言惊四座,两行红袖一时回。

杜牧就是这样意态萧闲,旁若无人,无论到哪里都要出第一个风头。但我们不要以为他永远活在自我陶醉里,其实他的幸福感很低,因为在政治前途上,即所有有志青年辛勤奋斗的唯一目标上,他的心理一直都没法获得平衡。

3

如果你从小就是全校的学习尖子、才艺冠军、意见领袖，被所有同性羡慕，被所有异性爱慕，然而在踏入职场之后，虽然你也做得不错，但当初班上那个差等生，那个被你一直看不起的庸碌之才竟然把你远远甩在后边，你会是怎样的心态呢？

杜牧就是这样的心态，而且越到后来，他越被这种心态咬啮得难受。为什么同族兄弟杜悰可以一路飙升，甚至出将入相，位极人臣，而自己却偏偏只能做到中级干部呢？

除了老天不公，一定不存在其他解释。

4

杜牧对自己的雄才伟略相当自负，他注释过《孙子兵法》，写诗也爱写咏史诗，总要显出自己是一个眼界不凡的人。

平心而论，杜牧的咏史诗的确写得别具一格，写出过"商女不知亡国恨，隔江犹唱后庭花"这样经典的句子。诗歌不是论文，咏史诗最忌讳的就是直接发议论，杜牧的出色处就在于虽然不发议论，不下结论，但一句诗可以让人琢磨许多年，有充分的歧义空间。

读这首《泊秦淮》，许多人以为歌女"应该"知道亡国恨却懵然不知，所以受到诗人的谴责，但事情也完全可以反过来想：歌女对于旧王朝本来就不负有任何义务，无论怎样改朝换代，她们都是被侮辱与损害的阶层，做亡国奴也未必处境更坏，在异族统治下也未必比在同胞统治下境况更糟。至于诗人自己是什么态度，我们其实读不出，也没必要一定考索出来。

5

人们还是更喜欢杜牧诗歌里那份轻盈的风流，毕竟那才最是杜牧的本色。最轻盈也最风流的作品永远是和扬州有关的，也确实只有扬州才最符合杜牧的气质，我们真是很难将这样一个倜傥人物和洛阳联系起来。

杜牧在远赴洛阳之后，怎可能不怀念在扬州的日子呢？一切风流俊赏，竟然全留给旧同僚们消受，也许该自己嫉妒他们一回了。《寄扬州韩绰判官》就是在这样的心情下写的：

> 青山隐隐水迢迢，秋尽江南草未凋。
> 二十四桥明月夜，玉人何处教吹箫。

诗句里的"玉人"非指吹箫的美女，而是旧日的同僚韩绰。

想韩绰在二十四桥的月色里何等逍遥快活，而这样的逍遥快活原本全是由杜牧自己在领队啊。

　　月色四海皆同，外国的月亮并不比中国的更圆，但因为两联诗句的缘故，扬州的月色却偏偏冠绝千古。这两联诗句，一个是徐凝的"天下三分明月夜，二分无赖是扬州"，另一个就是杜牧的"二十四桥明月夜，玉人何处教吹箫"。扬州让杜牧尽情风流了一整段青春，杜牧让扬州独擅风流胜场一千余年。这是一笔划算的交易，幸而当时的扬州人容得下这位太不称职的国家干部。

春蚕到死丝方尽,
蜡炬成灰泪始干。

大唐诗人往事
THE PAST
OF TANG DYNASTY
POETS

关键词
理想主义、朦胧诗、朋党

李商隐·一个理想主义者的现实生存

1

李商隐是我少年时爱上的第一个诗人,那时候还读不懂他的诗,对诗句里那些隐秘的典故也一无所知,甚至连字都认不全,但就是觉得那诗句里有一种说不出的美感。

不懂他在说什么,只觉得他说得很美。

后来才知道,很多人,包括古人,接触李商隐诗歌的时候都有类似的感觉。

他写出了中国最早的朦胧诗,他超越了他的时代。我对他的爱似乎也超越了岁月的祛魅力量,直到年华老大还在认认真真地读他的诗集、文集以及一切可以搜罗得到的生平材料,以至终于与人合撰了一本厚厚的李商隐的传记。他的诗句有一种执拗到底的天真,那是一种可以与岁月抗衡的力量,至少于我而言是这样的。

2

李商隐出身于一个没落的书香门第,没落到连最基本的衣食都无从保障,他在少年时便必须靠打零工来补贴家用。这样的经历本应该使他早熟起来,或者说使他比常人更早一些地世故起来——的确,他早早便意识到只有知识才可以改变命运,摆脱家庭困境的唯一出路就是好好学习,通过科举做官。而幸或不幸的是,他跟了一位志向高洁的隐士读书学习,学写了一手不合时宜的古文,还在性格养成的年纪里被潜移默化地塑造出一副高尚其志的君子做派。

当时骈文才是政府文书的标准文体,古文毫无用武之地。李商隐倒也懂得妥协,出师之后不久便弃古文而改学骈文,还有幸得到当时的骈文大师令狐楚的亲传,学写了一手典雅、华丽的好文章。

单以这样的文采,李商隐完全可以走技术型官僚的路线,最佳出路就是进入中央供职,为皇帝草拟诏书——这也的确就是李商隐一辈子的职业追求。无奈他的聪慧完完全全在"技术"上,以懵懂的少年心性一再触犯着官场的游戏规则,在党争的夹缝间左右为难。他是为爱与美而生的诗人,在遍布荆棘的现实世界里寸步难行。

3

李商隐以各类无题诗著名,读这些诗,只觉得他一生都是一个缠绵悱恻的情郎,不可救药地陷落在爱情的世界里。有好事者认真考索这些诗歌背后的爱情本事,如苏雪林、高阳都有过斐然成章的大作,只是揣测的成分不免太多了些。

我以为,在进入李商隐的诗歌之前,先读他的一封书信也许是很有必要的。这封信是他在柳仲郢幕府做事的时候写给幕主的,前因如下：柳仲郢极爱惜李商隐的才华，对他百般体贴，给出各种优待，甚至还出于对他丧妻寄子的怜惜，亲笔致意，称道幕府乐籍中有一位名叫张懿仙的歌伎色艺双绝，愿意为她脱籍，送给李商隐为侍妾。

李商隐执意拒绝了幕主的这番美意。妻子给予自己的幸福感已足够自己消磨一生，即便从此天人悬隔，自己亦宁愿在寂寞中怀念，也胜于让其他女子走入自己的生命，取代妻子的地位。他写信婉拒，这封书信可以作为他一切情诗的最佳注脚：

> 商隐启：两日前于张评事处伏睹手笔，兼评事传指意，于乐籍中赐一人，以备纫补。某悼伤以来，光阴未几。梧桐半死，方有述哀；灵光独存，且兼多病。眷言息胤，不暇提携。或小于叔夜之男，或幼于伯喈之女。检庾信荀娘之启，常有酸辛；咏陶潜通子之诗，每嗟漂泊。所赖因依德宇，驰骤府庭。方思效命旌旄，不敢载怀乡土。锦茵象榻，石馆金台，入则陪奉光尘，出则揣摩铅钝。兼之早岁，志在元门，及到此都，更敦凤契。自安衰薄，微得端倪。至于南国妖姬，丛台妙妓，虽有涉于篇什，实不接于风流。况张懿仙本自无双，曾来独立，既从上将，又托英寮。汲县勒铭，方依崔瑗；汉庭曳履，犹忆郑崇。宁复河里飞星，云间堕月，窥西家之宋玉，恨东舍之王昌。诚出恩私，非所宜称。伏惟克从至愿，赐寝前言。使国人尽保展禽，酒肆不疑阮籍。则恩优之理，何以加焉？干冒尊严，伏用惶灼。谨启。

柳仲郢的这番美意正是空穴来风、不为无因。想李商隐诗名早著,那些极尽缠绵悱恻的诗句早已经传诵天下,令人遥想诗人定是一位绝代多情的奇男子。李商隐自是晓得世人关于自己的种种传闻与猜测,于是在这封信里,李商隐剖肝沥胆,以柳下惠与阮籍自比,解释道:"至于南国妖姬,丛台妙妓,虽有涉于篇什,实不接于风流。"

他承认在自己的诗篇里多有一些对歌姬美女的吟咏,多有一些男女情愫的缠绵,但一切的一切,全然与风流韵事无关。世人若以风流视之,只会误解了诗歌背后的咏托与寄寓。《离骚》赋美人香草的诗句,难道可以被坐实来读吗?世人有鄙薄他"诡薄无行"者,怎懂得他对妻子的一往情深,怎懂得他藏在扑朔迷离的诗句里的身世寄托呢?

最可代表者莫过于他的《春雨》:

> 怅卧新春白袷衣,白门寥落意多违。
> 红楼隔雨相望冷,珠箔飘灯独自归。
> 远路应悲春晼晚,残宵犹得梦依稀。
> 玉珰缄札何由达,万里云罗一雁飞。

这首诗写一位漂泊四方的男子寻访旧爱而不遇,在新春的雨夜里独自品味凄凉。首联"白袷衣"为便服,"白门"代指当初与情人欢好的所在。颔联"红楼"指情人的旧居,"珠箔"形容雨幕。男子一往情深地重游故地,却再也见不到情人的踪迹,只能隔着雨幕遥望她旧居的窗口,又在雨幕里伫着摇曳的灯火独自归回。想来此时此刻,她一定在不知名的远方同样生起伤春的情绪,而他怅然无眠,只在凌晨的短梦里依稀与她相会。相隔千里万里,迷茫不知所在,书信纵然写好封好却寄往哪里呢?大雁可以传书吗?抬头看去,空旷的高天上,一只失群的大雁孤零零不知飞向哪里。

八句诗皆是深沉的叹息,写到最后,人与雁的意象融在一起,恍然莫辨,孤飞于万里云罗、无依无靠亦失去方向感的难道不正是诗人自己?

每多读一遍,男女情事的色彩便淡去一分,一个理想主义者执着与惆怅的身世之悲便浓一分,而诗歌的境界便也阔大一分。是的,将李商隐视作一位擅言情的诗人,非但是误解了他,更是小看了他。他的高远与深刻处,在他于东川幕府的一个春日里写下的那首《天涯》里可见一斑:

> 春日在天涯,天涯日又斜。
> 莺啼如有泪,为湿最高花。

这样的诗,是死于现实之手的所有理想主义者的挽歌,不需要任何心思来解。

◇李商隐名字考

李商隐，字义山。商隐，取"商山隐者"之意。后来取字义山，字与名意义关联，寓意着商山隐者之高义。

商山距离长安并不远。这一带原本不属于隐士，而是渴慕功名者汲汲向往的所在。以变法闻名的商鞅，就是因为食采邑于此而被称为商鞅的。商鞅变法，使秦国成为军事强国，终于一扫六和，吞并天下。秦始皇称皇帝之后，选拔了七十名高才饱学之士授予博士之职，以资顾问。及至秦末大乱，有四名博士避世隐遁，就在商山之上岩居而穴处，采紫芝以疗饥。因为四人皆年逾八旬，白发皓皓，便被合称为商山四皓。汉高祖刘邦久闻四皓的高名，多次派人礼聘他们出山做官，但每一次都遭到拒绝。四人作《紫芝歌》以明志，表明自己将会终老山中，再也不会出山用世。

后来天下大定，大汉王朝却出现了第二代继承人的危机：刘邦宠爱戚夫人，想废掉吕后所生的太子刘盈，改立戚夫人之子赵王如意。吕后求助于张良，这虽然是帝王的家事，但废立太子终归是朝政大忌，严重者会兴起血雨腥风，使天下为之扰动。于是张良献策，请动了商山四皓，只拜托他们一件事，就是在一次筵席上侍立于刘盈身边。当刘邦看到连商山四皓这样的隐士都甘心为刘盈所用时，不禁失色，这才知道太子羽翼已成，自己只能无可奈何地放弃了废立之念。后来刘盈顺利继位，即汉惠帝。至于商山四皓，一战功成之后便悄然隐退，继续回商山过那不问世事、云淡风轻的生活去了。

这就是"商隐"一名的含义。士人之家，每一个孩子的名字里都蕴含着父亲的期望。"商隐"一名虽然颇有隐逸的色彩，但父亲李嗣似乎期望儿子平居之时虽可以高义而不仕，但在国家的关键时刻能够挺身而为帝王之佐，谈笑之间安定江山社稷。

士人一生的关键，就在于"出""处"二字的分寸。出，即踏入仕途，安邦定国；处，即躬耕林下，洁身自好。孔子为士人定下的出处纲领是"天下有道则见，无道则隐"，这就意味着士人在清白的时代里应当勇于进取，以天下为己任；在污浊的时代里应当勇于退却，严守最后一寸道德底线，绝对不可以为了私利而同流合污。孔子还有教诲说：在清白的时代里，贫贱的人是可耻的；在污浊的时代里，富贵的人是可耻的。

是的，任何一个社会都会形成自己的一套淘汰机制，或者淘汰卑劣无耻的人，或者淘汰清廉正直的人。君子不该随着时代风气而改变自己的操守，尤其在污浊的时代里，纵使卑鄙是卑鄙者的通行证，高尚是高尚者的墓志铭，但无论如何，若你改变不了社会，至少不能让社会改变了你自己。

商山四皓正是对"出""处"分寸拿捏得极好的人，而李嗣也正是以此期待李商隐的。但李嗣再也没有机会知道，李商隐在成人之后的生涯里将会时时处处受着"出""处"抉择的困扰，将会在入仕与退隐的矛盾里纠结，在朝廷与藩镇的矛盾里纠结，在藩镇与藩镇的矛盾里纠结，在家庭与党派的矛盾里纠结。李商隐在每一个抉择关头都不肯辜负自己的名字，不肯辜负父亲的期许，于是在时人的眼里，乃至在今人的眼里，他是一个彻头彻尾的失败者，而他的悲剧生涯分明是咎由自取。

如果李嗣能够预见儿子的一生，不知道是否会后悔给他取"商隐"这个名字。如果孩子的一生只可以在清高的悲凉和苟且的丰裕中选择其一，父母们会做出怎样的选择呢？杜甫感叹自己"朝扣富儿门，暮随肥马尘。残杯与冷炙，到处潜悲辛"，试问任何一对父母，究竟会希望儿女成为衣轻裘、乘肥马却庸俗可鄙的富儿呢，还是坚贞高洁却一生困顿偃蹇的杜甫呢？